Weltreise wurde

Wie aus einer Radtour eine Weltreise wurde

»Für unsere neuen Freunde, die uns ein Dach
über dem Kopf gegeben, unsere Wasserflaschen aufgefüllt
oder uns ein Lächeln geschenkt haben.
Ohne euch wäre es nicht möglich gewesen.
Von Herzen Danke.«

Im Südwesten der Türkei finden wir einen gemütlichen Zeltplatz.

Annika Wachter &
Roberto S. Gallegos Ricci

Wie aus einer Radtour eine Weltreise wurde

BRUCKMANN

Inhalt

Im Norden Kanadas

Einleitung

Aller Anfang …

Roberto und ich lernten uns kennen an dem Tag, als ich bei ihm einzog. Er war Hauptmieter einer Dreier-WG in Guadalajara, Mexiko, und ich war eine Studentin im Auslandssemester. Er war damals 26, ein begnadeter Koch, interessiert an Kunst und Fotografie, ein talentierter Karaokesänger und für jeden Quatsch zu haben. Ich war 22, ein Energiebündel mit Tendenzen zum Hippietum, Spaß am Feiern und am Kajakfahren, dem in der Großstadt die Natur fehlte. Wir fanden einander auf Anhieb sympathisch, unternahmen viel zusammen, und mit der Zeit wurde mehr daraus, ohne dass wir es je darauf angelegt hätten. Es folgte ein knappes Jahr der Fernbeziehung, aber wir wussten, wir würden nicht für immer auf verschiedenen Kontinenten leben. Sobald ich die Uni hinter mir hatte, würden wir auf Reisen gehen.

Reisen, das war meine Leidenschaft, so lange ich denken kann. In meinem ersten Schulatlas ist meine Weltreiseroute dick eingezeichnet. Sie verläuft allerdings auf dem Wasser, da ich damals dachte, ich würde mir sicher eine Jacht leisten können, mit der ich um die Welt segeln würde. Menschen, ihre Kulturen, Landschaften und Natur, das alles zog mich magisch an. Inspiriert von Abenteuergeschichten, Reiseerzählungen und meinem Atlas schmiedete ich Pläne und träumte vom großen Abenteuer.

Roberto ging es ähnlich, doch das Vorhaben, seinen Jugendtraum von Abenteuern à la Indiana Jones auch Wirklichkeit werden zu lassen, hatte er als Erwachsener hinter anderen Plänen zurückgestellt. Nun haben sich die Prioritäten gewandelt. Roberto überließ also die Designfirma seinen Mitgründern, gab die WG auf, kaufte einen Reiserucksack, packte seine Siebensachen und setzte sich in ein Flugzeug nach Europa. Angst vor Veränderungen konnte man dem Mann wirklich nicht vorwerfen.

Wir lebten ein paar Monate gemeinsam in Deutschland, er lernte Deutsch, ich schrieb meine Abschlussarbeit, und wir bereiteten uns auf die große Reise vor. Das Datum des ersten Reisetages hatten wir ein Jahr vor Reisestart gewählt, einfach, weil wir uns sonst auf nichts fest-

---

Nach fünf Jahren sind wir im Endspurt. Wir sind wohl die einzigen Radler, die mit einer besseren Ausrüstung wiederkommen als am Anfang der Reise.

legen konnten und so zumindest eine feste Komponente hatten. Auch die Richtung Osten stand bald fest, der Rest jedoch nicht. Nun ging es ans Konkretisieren. Erst spät setzte sich das Fahrrad gegen die anderen möglichen Transportmittel durch. Es war ein enges Rennen. Zunächst sortierten wir alles aus, was unpraktisch war, schwer und teuer zu beschaffen oder bisher noch nicht existierte. Das waren Kamele, eine Kombination aus einem Klapprad und einem aufblasbaren Kajak, ein Van sowie eine Eigenkonstruktion eines Kanadiers aus Blech mit aufpumpbaren Rädern, die zum Tretboot umfunktioniert werden konnten. Kajaks, Pferde und Wanderstiefel hingegen lagen noch lange im Rennen. Die Gründe, die für das Rad sprachen, lagen auf der Hand: Man bewegt sich kostenlos aus Muskelkraft, schnell genug, jedoch nicht zu schnell, wir besitzen bereits Fahrräder, und wir haben keine große Investition für den Fall, dass uns das Leben unterwegs doch nicht taugen sollte. Als Nachteil sahen wir den sportlichen Aspekt (klingt anstrengend, ob wir das überhaupt packen?) und den Fakt, dass wir uns auf (kleine) Straßen und (Rad-)Wege beschränken müssten. In einen umfunktionierten Kinderanhänger platzierten wir die beiden Wanderrucksäcke und Wanderstiefel, bereit, die Räder gegen Schusters Rappen zu tauschen, sobald es uns zu anstrengend würde oder uns die sehr simplen Fahrräder unter den Hintern weg zerbröselten.

Als Ziel setzten wir uns Südostasien, genauer gesagt Malaysia, wo unsere Freunde Apit und Dila wohnten. Den zeitlichen Rahmen ließen wir komplett offen. Da eine unbekannte Reisedauer aber für die meisten Freunde, Verwandten und Bekannten eine absolut unmögliche Vorstellung war und sie doch zumindest so »uuuuungefähr« wissen wollten, was wir so anpeilen, gaben wir ein Jahr an. Dennoch, eine unter Zwang geforderte Aussage ist ungültig, und so fühlten wir uns auch in keiner Weise unter Druck, dieses Jahr füllen zu müssen.

Der anvisierte Starttag kam ... und verging. Wir waren einfach noch nicht fertig, es gab noch viel zu viel zu tun. Aus Zeitdruck strichen wir die bepackte Proberunde und legten mit zwei Tagen Verspätung – ohne Generalprobe – los. Am Vormittag war Roberto noch einmal losgefahren und hatte uns eine zweite wasserdichte Packtasche gekauft, weshalb wir dann auch noch einmal umpacken mussten. Verabschiedet hatten wir uns nach und nach von allen Freunden, und so ganz ohne Abschiedskomitee war es auch gar nicht schlimm, dass wir erst um 13 Uhr starteten. Die meisten wussten nicht einmal, dass wir den ursprünglichen Starttag nicht hatten halten können und wirklich immer noch in Bremen steckten, also war es uns ganz recht, dass wir uns so klammheimlich davonstehlen konnten.

Wir rollten los, einfach vorwärts. Ließen die kleine Dachgeschosswohnung hinter uns, dann unsere Straße und unser Stadtviertel. Wir fuhren durch die Stadt, an Domsheide und Schnoor vorbei, über die Weser und bogen links auf den Weserradweg ab. Ziemlich schnell befanden wir uns auf bisher unbekannten Wegen, und gar nicht so viel später fuhren um uns herum Autos mit DH-Kennzeichen. Wir hatten den niedersächsischen Landkreis Diepholz erreicht!

Endlich waren wir unterwegs. Alles, was hinter uns lag, der Stress der letzten Wochen, die Unsicherheiten von vor ein paar Stunden schien plötzlich so klein, so unbedeutend. Es ging alles sehr schnell und fühlte sich so natürlich und richtig an, als wäre es nie anders gewesen. Wir waren unterwegs, frei und glücklich. Nichts konnte uns mehr stoppen.

Tag 1 von 1934 Tagen. Das Radeln mit Gepäck und Anhänger ist zunächst etwas befremdlich, aber wir gewöhnen uns schnell daran.

Nostalgie in Skopjes
Haupt- und Nebenstraßen.

Zentral- und Osteuropa

Centrum
Hochschule f. Nautik u. Wirtschaft
1,9 km
1,0 km
Bhf. Neustadt
Hochschule Bremen
2,8 km
2,4 km
Arsten
Habenhausen
5,2 km
Neustadt
Huckelriede
1,8 km
1,8 km

»Wo geht es hier bitte nach Malaysia?«

Tag 1, Kilometer 30, Bremen und Niedersachsen

POSITIV Flache fahrradfreundliche Landschaft, die Leute sagen »Moin«, gut ausgeschilderte Wege (wenn man drauf bleibt), viele Märchenstädte **NEGATIV** Wind und Nieselregen **GELERNT** Einfach mal machen, es muss auch nicht alles ausgereift sein

Es fängt gerade an zu tröpfeln, da sehen wir einen Fußgänger mit seinem Hund an der nächsten Kreuzung. Wir fahren langsam weiter und halten direkt neben ihm. »Entschuldigung, wo geht es denn bitte zurück zum Weserradweg?«, frage ich. Er mustert uns kurz, zeigt nach links und erklärt uns grob den Weg. Ein typisch wortkarges, aber hilfsbereites Nordlicht. Neugierig, aber zurückhaltend. Wir bedanken uns und wollen schon weiterziehen, da gibt der Spaziergänger sich einen Ruck und fragt, wo wir denn hinwollen mit alldem Gepäck. »Nach Malaysia!«, antworten wir stolz. Da ist er aber baff. Verlorenen Fernradlern läuft man im niedersächsischen Lunsen wohl nicht alle Tage über den Weg. Sein Blick schweift von meinem mit Kabelbindern am Lenker befestigten Fahrradkorb über die nagelneuen, aber sehr einfachen Fahrradhelme und bleibt schließlich an meiner orangenen einzelnen Fahrradtasche aus Stoff hängen. »Und wo seid ihr gestartet?«, fragt er weiter. Kurz wechseln Roberto und ich einen betretenen Blick. »In Bremen«, antworte ich schließlich etwas kleinlauter. Es kostet den guten Herrn sichtlich alle Kraft, ein spontanes Lachen zu unterdrücken. »Jo, na denn. Gute Fahrt!«, sagt er, zieht kurz an der Hundeleine und lässt uns links liegen. Bremen liegt genau 30 Kilometer weiter nördlich, und der gute Lunsener hat uns kein Wort geglaubt und uns sicherlich für Spinner gehalten. Und wer kann es ihm schon verübeln?

Es ist eigentlich alles ganz gut gelaufen, bis wir uns den Bogen über Verden sparen und lieber die direkte Strecke fahren wollten. Auf der Fahrradkarte sah das ganz einfach aus. In der Theorie sieht aber vieles einfach aus.

Wir treten an diesem Tag noch weitere 25 Kilometer lang in die Pedale und zelten schließlich vorm Ortsschild von Hoya zwischen

---

Unser erster gelb-grün-blauer Weserradweg-Wegweiser! In Jeans und mit einem Secondhand-Discounter-Fahrrad zu 75 Euro sehen wir aus wie Tagesausflügler.

zwei Maisfeldern. 55 Kilometer im Sattel, das ist meine persönliche Bestleistung. Meine längste Fahrradtour. Meine erste Mehrtagestour. Das erste Mal wild zelten in Deutschland. Und heute ist erst der Anfang. Es ist Tag eins von einer Reise, die uns in über fünf Jahren um die Welt führen würde. Aber als wir an diesem Abend auf unseren Isomatten sitzend die müden Beine massieren und uns ein einfaches, aber kalorienreiches Abendessen zubereiten, wissen wir das natürlich noch nicht.

Geschafft! Unser erster Tag als Radreisende liegt hinter uns, wir haben Blut geleckt und freuen uns schon auf den nächsten Tag.

Beine aus Blei

Tag 9, Kilometer 480, Rhön

POSITIV Apfel-, Birnen- und Walnussbäume für lau an Feldwegen **NEGATIV** Hügel, Schotter und Orientierungsschwierigkeiten **GELERNT** Nicht gleich aufgeben; ein hart erarbeitetes Ziel weiß man Jahre später noch zu schätzen

Wir haben den Weserradweg sowie den Fuldaradweg hinter uns gebracht. Irgendwann hörten die R1-Schilder auf, und seither ist es hügelig. Wir befinden uns irgendwo grob zwischen Rhön und Spessart, eher Rhön. Genau wissen wir das nicht, die Karte verstehen wir nur bedingt. Roberto schwitzt und schnauft, kommt jedoch gut voran, langsam, aber stetig – dabei zieht er den Anhänger. Ich hingegen fluche, schimpfe, halte an, atme, schimpfe noch mehr, überlege, das Rad ins Gebüsch zu pfeffern, schiebe stattdessen, steige wieder auf und beschließe im Zehn-Minuten-Takt, dass es das jetzt gewesen sei und ich »die Schnauze gestrichen voll habe«. Roberto will mich aufmuntern und motivieren, doch ich werde nur immer pampiger. Ich bin enttäuscht von meiner eigenen Leistung. Dass es hügelig werden würde, war von vornherein klar, in der Karte ist die Umgebung braun statt grün. Trotzdem kommen die Steigungen für mich nach zwei langen Flussradwegen plötzlich und bringen mich unerwartet aus dem Konzept. In mein Tagebuch schreibe ich am Abend »Der R2 führt MITTEN durch die Rhön. Bergauf, bergab, die GANZE Zeit. Ich bin sehr kaputt. Sehr sehr.« Und genau so meine ich es auch.

Um meine grenzenlose Erschöpfung und dagegen Robertos leichtes Schwitzen nachzuvollziehen, hilft ein Einblick in unsere Kindheit. Roberto ist in Tijuana aufgewachsen, einer Stadt am Pazifik, in der es außer dem Stadtzentrum und der Strandpromenade kaum flache Straßen gibt. Man braucht ein Automatikgetriebe, um permanent am Berg anzufahren. Sein Elternhaus liegt an einem steilen Hügel, so hoch, dass man bis hinüber nach San Diego blicken kann. Diesen Hügel haben die Nachbarskinder und er zum Skateboarden über Rampen genutzt.

Ich hingegen komme aus einem norddeutschen Dörfchen, dessen höchste Erhebung mit 31 Metern über dem Meeresspiegel der Mühlenberg ist, von dem aus man eine tolle Aussicht bis auf die andere Seite des 200 Hektar großen Sees hat. Richtig gelesen, wir bezeichnen 31 Meter Höhe als »Berg«. Der See sowie das gesamte Umland liegen in etwa auf Höhe des Meeresspiegels. Und vor dem letzten Teil des Anstiegs auf diesen Berg steht ein Warnschild für alpin weniger erfahrene Autofahrer, dass es nun etwa 180 Meter lang mit sieben Prozent Steigung hinauf geht. Zum Glück kann man den Gipfel von unten schon sehen.

Dass ich eine Flachlandbewohnerin bin, ist nicht der einzige Grund für meine Konditionsschwierigkeiten. Meine Beine sind eher puddinghaft als stählern, ich halte unterwegs regelmäßig für Raucherpausen, gebe keine Acht auf meine Ernährung und fahre zudem auf einem absolut reiseuntauglichen Rad. Auf den flachen Routen Norddeutschlands war das alles irrelevant. Die fehlende Erfahrung beim Schalten war auf ebener Strecke auch kein Manko, hatte ich doch bisher nie mehr als zwei funktionierende Gänge auf meinem Stadtrad zur Verfügung gehabt. Ich bin zwar Gegenwind-erfahren, aber das hilft mir nun nicht. Erst jetzt in der Rhön rächt es sich, dass ich keinerlei Radelmuskeln aufweisen kann.

So kommt es also, dass ich mich im niedrigsten Gang in Schrittgeschwindigkeit Steigungen hinaufquäle, die für jeden hügelerfahrenen Gelegenheitsradler auch mit Gepäck kein Problem wären. Ich hingegen schwitze, fluche, futtere Motivationsbonbons, überlege mehrfach umzudrehen und erkläre laut, dass ich beim nächsten Bahnhof aufhören und mit dem Zug an die Donau fahren würde, denn da müsse ja schließlich bis zum Schwarzen Meer alles flach sein. Die Vorstellung, dass jeder mühsam hinaufgequälte Meter in einer kurzen Abfahrt wieder »verloren« geht und ich kurz darauf wieder bergauf fahren werde, macht mich schier verrückt. Ich werde frustrierter, gereizter, und irgendwann sieht Roberto ein, dass es das Beste ist, wenn einfach jeder schweigend in seinem Tempo radelt.

Als wir am Abend die Schutzhütte Steiger auf der Wasserscheide zwischen Weser und Rhein erreichen, habe ich endgültig genug. Doch es ist vollbracht, höher hinauf müssen wir vorerst nicht. Hier bleiben wir einfach über Nacht. Die Hütte ist ein paar Meter groß und hat ein Dach, also sparen wir uns den Aufbau des Zeltes und breiten unsere Schlafsäcke auf den Sitzbänken aus. Völlig k.o. vom extremen Konditionstraining essen wir unsere Ravioli gleich kalt aus der Dose, ziehen unsere wärmste Kleidung an und sinken ziemlich schnell in einen erlösenden Schlaf. Wir befinden uns 527 Meter über dem Meeresspiegel, das entspricht der Höhe von 17 Mühlenbergen oder auch etwa der Höhe der Stadt München.

Der Elefant im See

Tag 36, Kilometer 1400, Südwesten der Slowakei

POSITIV Breiter perfekt ebener Donauradweg, schöne Innenstadt in Bratislava **NEGATIV** Hinter Bratislava wird es etwas eintönig
GELERNT Die kreativ bunte Vorstellungskraft läuft im Dunkeln auf Hochtouren

Nach über einem Monat im Sattel erreichen wir die Slowakei. Das erste Land, in dem wir beide vorher noch nie waren und in dem wir die Sprache nicht verstehen.

Am späten Nachmittag radeln wir auf einem breiten Radweg vorbei an einem kleinen See. Perfekt! Hier stellen wir gleich das Zelt auf. Der Ort ist absolut idyllisch, der See liegt klar und spiegelglatt da. Wir sehen den ganzen Abend über keine Menschenseele und genießen die Ruhe. Es wird Nacht, und wir schlafen gut, bis sich plötzlich etwas Riesiges gleich neben unserem Zelt austobt. Sofort sind wir hellwach. Es klappert, platscht und klatscht so laut, als sei dort ein Elefant im See. Wir liegen mucksmäuschenstill da, die Schlafsäcke bis zur Nase hochgezogen, starren einander in die Augen und lauschen. Was kann das nur sein? Es muss größer sein als ein Wildschwein und schwerer als ein Hirsch, denn es macht einen Wahnsinnsradau. Ausgerechnet jetzt fällt mir ein, dass während Robertos Kindheit mal alle Tiere aus einem privaten Zoo in Tijuana ausgerissen und durch die Straßen gezogen sind – Flusspferd, Tiger und Puma eingeschlossen. Waren da heute nicht Plakate für einen Wanderzirkus? Welche Geräusche machen Elefanten eigentlich, wenn sie nicht tröten? Nachschauen kommt jedenfalls nicht infrage. Das Tier scheint unsere Anwesenheit noch nicht bemerkt zu haben, und wir wollen es gern dabei belassen. Nach einer Weile entfernt sich das Tier, und für den Rest der Nacht kehrt wieder Ruhe ein. Wir verbleiben verwirrt und etwas verängstigt liegen, sind aber auch müde genug, sodass wir ziemlich schnell wieder einschlafen.

Am nächsten Morgen sind wir gerade dabei, unsere Siebensachen zu packen, als ein junger Mann mit seinem Hund neben uns stehen bleibt. »Sagt bloß, ihr habt da gezeltet?«, fragt er erstaunt auf Englisch. »Das hätte ich mich nicht getraut, bei all den Bibern!«, erklärt er und blickt nach oben in die Baumkronen. Wir folgen seinem Blick, und erst jetzt wird uns klar, dass die Bäume zu allen Seiten um unser Zelt herum angenagt sind, gefährlich schief stehen und dass wir ein riesiges Glück haben, dass es nicht windiger ist. Jetzt wissen wir auch, was es mit unserem nächtlichen Elefanten auf sich hatte: Das ohrenbetäubende Klatschen in der Nacht war der Biberschwanz auf der Wasseroberfläche und das Klappern das Annagen der Bäume! Nur gut, dass unser Gegenüber keine Ahnung hat, was sich in der Vorstellungskraft von uns Outdoor-Anfängern heute Nacht abgespielt hat.

Im Kinderanhänger mit der wasserdichten Abdeckung Marke Eigenbau befinden sich zwei Reiserucksäcke für den Fall, dass uns das Radeln nicht gefällt.

Kávé mit Määäääh

Tag 47, Kilometer 1700, südlich von Budapest, Ungarn

POSITIV Gulaschsuppe, Geigenmusik, Radweg teils entlang der Donau **NEGATIV** Jede Menge platte Reifen, viel Regen **GELERNT** Unseren ersten Platten notdürftig zu flicken, hält bis zu zwei Tage

Wir radeln schneller und schneller durch die Dämmerung. Sobald es einmal ganz dunkel ist, wird es wirklich schwer, einen geeigneten Zeltplatz zu finden. Aber es will sich einfach nichts ergeben. Wir fragen eine Dame, die gerade mit ihrer Gartenarbeit fertig ist, nach einem geeigneten Plätzchen. Sie deutet den Weg entlang in Richtung Wald und sagt etwas, was wir nicht verstehen. Wir verabschieden uns und folgen der Matschpiste. Hinter einem umgeknickten Drahtzaun entdecken wir eine ebene grasbewachsene Fläche. Es ist mittlerweile zappenduster, und wir beschließen, nicht mehr länger zu suchen. Selbst wenn es ein Privatgrundstück ist, wir stehen einfach ganz früh auf und verschwinden noch vor Sonnenaufgang. Der Wecker steht also auf 6.30 Uhr, sodass wir 45 Minuten zum Packen haben, bis die Sonne aufgeht. Dennoch, so richtig wohl fühlen wir uns nicht und dass in der Ferne Schüsse fallen, entspannt die Lage auch nicht gerade. Dennoch schlafen wir ganz gut, bis ich morgens um 6 Uhr ein Motorengeräusch höre. Roberto schläft noch. »Nur nicht paranoid werden, Annika, der will sicher nicht hierher. Unser grünes Zelt sieht man in der Dunkelheit ja nicht einmal«, rede ich mir ein. Das Motorengeräusch kommt näher, wird langsamer, dann richten sich die Scheinwerfer direkt auf uns. Mein Herz pumpt wie verrückt. Ich erinnere mich an die Geschichten von Ungarn, die ihr Grundstück mit dem Gewehr vor Menschengruppen mit Zelten verteidigen, aus Angst, diese würden sich auf Dauer dort niederlassen. Der Motor geht aus, aber die Scheinwerfer bleiben an. Die Autotür schlägt zu. Ich blicke neben mich. Roberto atmet ruhig weiter, seine Augen sind geschlossen. Ich stupse ihn an, er dreht sich und scheint langsam aufzuwachen. Was, wenn da draußen die Besitzer des Grundstücks gerade ihre Gewehre auf uns richten? Ich fälle eine schnelle Entscheidung, rufe abwechselnd »Hallo« und »Tourist«, ziehe die Reißverschlüsse auf, steige barfuß und im Schlafanzug in die Kälte und fange an, demonstrativ die Zeltheringe herauszuziehen, um zu zeigen, dass wir gewillt sind abzureisen. Während das Zelt um ihn herum zusammenfällt, wacht Roberto endgültig auf und steckt seinen Kopf aus dem Zelt.

Für unseren ersten platten Reifen lesen wir die Anweisung im Flickenset (oben). Statt wild zu zelten, bitten wir Lotzis Chef um Erlaubnis (unten).

Erst jetzt traue ich mich, unser Gegenüber in Augenschein zu nehmen. Ein Mann um die 40 steht da vor dem offenen Kofferraum, guckt sich das Geschehen interessiert an und füllt aus seiner Thermoskanne eine Tasse Kaffee ab, die er mir hinhält. »Kávé?«, fragt er. Ich lasse die Hand voller Zeltheringe fallen, strecke sprachlos die Hand aus und gucke ungläubig in sein freundliches Gesicht und dann in den vollgestopften Kofferraum dahinter. Alles voller Angelausrüstung. Der Mann, der sich im Laufe des Gesprächs als Janö vorstellt. ist eine Art Sicherheitsbeauftragter für die Angelgewässer dieser Gegend, und ihm werden die Tage oft lang so ganz ohne andere Menschen, also freut er sich umso mehr, auf uns gestoßen zu sein. Mir fallen hundert Steine vom Herzen. Roberto und ich trinken einen Kaffee und helfen Janö, seine Ausrüstung hinunter zum Steg zu tragen. Gestern Abend hatten wir nicht einmal gewusst, dass die Donau keine 30 Meter hinter uns liegt. Wir nutzen Janös Plumpsklo mit der 360 °-Karibiktapete samt Frau in Bikini und setzen uns noch eine Weile zu ihm auf den Steg, wo wir uns mit Händen und Füßen auf Deutsch, Englisch und Ungarisch zu unterhalten versuchen. Wir sind einander sympathisch, auch wenn wir kaum etwas verstehen.

Doch nach dem Schreck am frühen Morgen schwören wir uns, nie wieder irgendwo das Zelt aufzustellen, wo wir uns unwohl und unsicher fühlen.

In unserer letzten Nacht in Ungarn erinnern wir uns an diesen Vorsatz, als wir kurz davor sind, auf einem Stoppelfeld neben einer Tankstelle haltzumachen. Stattdessen fahren wir zwei Kilometer weiter und bitten einen freundlichen Landwirt um Erlaubnis, auf seinem Grundstück zelten zu dürfen. Während ich das Zelt aufbaue, nähert sich ein kleiner Mann. Er ist schlank und trägt einen Dreitagebart. In seiner dicken blauen Winterjacke sind einige Löcher zu sehen. Er lächelt und winkt uns unsicher zu. Wir winken zurück. Er kommt näher und sagt auf Englisch »Hello«. Wir erwidern »Szia« auf Ungarisch. »Annika vagyok«, stelle ich mich auf Ungarisch vor. Roberto und der kleine Mann – Lotzi – machen das Gleiche. Viel mehr können wir beide nicht auf Ungarisch, daher stehen wir nur da und lächeln nervös. Während ich das Zelt aufbaue, unterbreche ich die unangenehme Stille und erkläre auf Deutsch, was wir machen. Er versteht nichts. »Englisch?«, frage ich? »Nem«, antwortet er und schüttelt den Kopf. Als das Zelt aufgebaut ist, öffne ich eine Tür, und er schaut kurz hinein. Er lächelt uns wieder zu. Das Gespräch friert kurz wieder ein, dann zeigt Roberto seine zehn Finger, macht Fäuste, zeigt wieder die zehn Finger, macht wieder Fäuste und zeigt acht Finger.

Danach deutet er auf sich selbst und sagt auf Spanisch »Veintiocho«, um sein Alter zu nennen. Lotzi versteht, deutet ebenfalls auf sich und zeigt eine Menge Finger, während er die ungarischen Zahlen murmelt. Bei 54 hört er auf. Ich mache es den beiden nach und ende bei 25. Lotzi überhäuft mich mit einem Redeschwall. Als er fertig ist, bin ich ratlos, denn ich habe kein Wort verstanden. Dann zeigt Lotzi auf sich selbst und macht »Määääh«. Endlich verstehe ich: Lotzi ist Schäfer und arbeitet für den Bauern. Nun versuchen wir zu erklären, wer wir sind und was wir tun.

Ich zeige in die Luft, überlege und sage »Hamburg«, denn das ungarische Wort für Deutschland habe ich vergessen, und das kleine Bremen kennt man hier sicher nicht. Dann bewege ich meine Hände, als hielten sie die Pedale des Fahrrads und zeige auf den Boden vor uns, wobei ich »Itt« sage, das ungarische Wort für »hier«. Lotzi macht auch die Pedalbewegung und nickt anerkennend. Dann zeigt er auf uns beide und fragt etwas. Ich verstehe nicht. Mit Daumen und Zeigefinger deutet er etwas Kleines an und bewegt danach die Hand zum Mund, als würde er den Inhalt trinken. Er fragt, ob wir einen Schnaps trinken wollen! Ach, warum nicht? Ein Schlummertrunk geht doch immer.

Lotzi verschwindet kurz, kommt wieder und gibt uns ein Zeichen, ihm zu folgen. Seine halb vorbereitete Suppe soll Roberto einfach mitnehmen. Drinnen bietet Lotzi uns Stühle an und drückt uns einen klitzekleinen Becher in die Hand. Der »Schnaps« ist heiß und schwarz. Es ist Kaffee! Und er schmeckt köstlich. Lotzi zeigt uns seine Wohnung. Im Schlaf- und Wohnzimmer stehen zwei alte Fernseher, ein kleines, schmales Bett und ein bullernder Holzofen. In der kleinen Küche hat alles seine Ordnung. Die Teller auf den selbst gezimmerten Regalen sind nach Größe sortiert, und alle Bierdosen aus der Sammlung haben die exakt gleichen Abstände zueinander und sind nach vorne ausgerichtet. Roberto ist von so viel Perfektion beeindruckt. Während wir anfangen, unser Süppchen auf seinem Ofen zu kochen, erzählt uns Lotzi von seinem Leben auf dem Hof. Er deutet auf sein linkes Handgelenk, streckt dann fünf Finger hoch, gähnt und streckt sich. Ich verstehe – jeden Morgen muss er um fünf Uhr früh raus.

Lotzi führt uns aus dem Haus raus in den Stall. In zwei Boxen stehen alte und große Pferde. Ich fange an, die beiden zu tätscheln, und Lotzi tut lächelnd das Gleiche. Dann öffnet er die nächste Tür und präsentiert uns stolz ein paar Kühe und Schweine. Er zeigt auf sie und führt dann die Hand wie einen Löffel zum Mund. Füttert oder isst er sie? Lotzi zeigt auf das Schweinefutter, und ich verstehe: Er füttert sie.

Lotzi grinst stolz in Richtung »seiner« Tiere. Ich deute wieder auf die linke Hand und zeige fünf Finger. »Uff, jeden Tag um fünf?«, frage ich auf Deutsch. Lotzi kichert und bewegt seine Schultern auf und ab. Dann wackelt er mit den ausgestreckten Fingern seiner Hände hin und her, als wollte er sagen »mehr oder weniger« und zeigt sechs Finger. Erst will er in Ruhe Kaffee, Toilette und Zigarette genießen, erklärt er auf Ungarisch, aber diesmal ähneln die Worte den deutschen und bedürfen keiner Hände- und-Füße-Untermalung. Nach diesem morgendlichen Ritual füttert er die Tiere und geht mit den Schafen. Als er von den Schafen erzählt, macht Lotzi wieder »Määäh«.

Wir gehen wieder rein, unsere Suppe ist nun fertig, und Lotzi gibt einen Schnaps namens Szilva aus und grinst vor sich hin. Er scheint es zu genießen, Gäste zu haben. Sein 25-jähriger Sohn lebt nicht mehr bei ihm, und den ganzen Tag lang ist er von Tieren umgeben. Schäfer zu sein ist ein einsamer Job.

Es ist gemütlich, wir sind satt, und in der warmen Küche bekommen wir rote Wangen und werden müde. Bevor wir zurück zum Zelt und schlafen gehen, spüle ich das Geschirr, und Roberto bittet Lotzi um ein Taschentuch. Dieser gibt ihm eine ganze Rolle Klopapier und eine Packung Taschentücher und sagt »Souvenir«, scheinbar froh, uns helfen zu können.

Als wir am nächsten Morgen aufstehen, bringt uns Lotzi zwei winzige Glasfläschchen mit gezuckertem Kaffee. Wir trinken ihn langsam und unterhalten uns noch ein wenig, doch Lotzi sieht sich die ganze Zeit nervös um. Er sollte eigentlich arbeiten und will nicht, dass sein Chef ihn herumstehen sieht. Wir sagen Danke, »Köszönöm«, und stauben doch glatt noch eine Umarmung ab, bevor wir uns aufmachen in Richtung serbischer Grenze.

Alte Freunde

Tag 54, Kilometer 1850, äußerster Osten Kroatiens

POSITIV Ajvar und der Blick von Vinkos Haus **NEGATIV** Unser erster dreifacher Speichenbruch **GELERNT** Kyrillische Schrift lesen (auch wenn uns das erst in Serbien hilft)

Nach einem halbstündigen Aufenthalt in Serbien überqueren wir schon wieder die nächste Grenze: nach Kroatien. Hier treffen wir Vinko, einen 27-jährigen Kroaten aus Zagreb, der das ländliche Leben liebt. Vor einem Jahr hat er sich am Rand des Dörfchens Batina für einen Spottpreis ein wunderschönes altes Weingut gekauft. Den Sommer über renovieren er und seine Freundin Maja das am Hang gelegene Haus mit Blick hinunter auf die Donau und die serbische Landschaft auf der anderen Seite. Bewohnbar ist es bereits, als wir ankommen, aber vieles läuft noch etwas altmodisch ab. Dabei will Vinko es auch belassen. Ihm gefällt das gemächliche Leben hier, die Abwesenheit von Stress, Hetze, Terminen und Perfektionismus. Hier kann er handwerklich und künstlerisch tätig sein und jeden Tag genießen. Vinko kocht Wasser für seinen Tee in einem Kessel auf einem alten Holzofen. Kleidung wird per Hand im Wäschekübel gewaschen, der Wasservorrat muss bei Dürre von der Feuerwehr aufgefüllt werden, und Strom gibt es nur eingeschränkt. Es gibt viel zu tun: Vinko zimmert Regale, malt Wände an, hackt Feuerholz, backt Brot, züchtet Kefir und repariert die Tür zu dem in den Felsen geschlagenen Weinkeller, der ganzjährig schön kühl ist. Vinkos weinloses Weingut ist nicht das einzige renovierungsbedürftige Gebäude. Zu Zeiten des Jugoslawienkrieges hat die kleine Grenzstadt stark gelitten. Viele Häuser sind nun unbewohnt. Die meisten jungen Menschen hat es in die Städte gezogen.

Vinko, Roberto und ich gehen hinunter ins Ortszentrum, wo wir Zutaten für eine Fischsuppe einkaufen. Den Fisch gibt es bei zwei Anglern zu Hause. Sie heißen Phillip und Yosef und sind beide Kriegsveteranen, allerdings haben sie jeweils für die andere Seite gekämpft. Phillip hat seine Frau und seinen Sohn im Krieg verloren und Yosef seinen Bruder. Sie erzählen uns von der nostalgischen Zeit unter »Tito«, aber auch vom Krieg und von ihrem Leben als Fischer. Beide verbindet der Verlust ihrer geliebten Familie, daher spielt es für sie heute keine Rolle mehr, dass sie einmal auf verschiedenen Seiten standen. Nichts wird Yosefs Bruder und Phillips Frau und Sohn wieder zurückbringen. Sie wünschen sich Frieden bis an ihr Lebensende.

Phillip und Yosef aus Batina verkaufen uns Fisch
und erzählen von früher.

Der erste Winter

Tag 202, Kilometer 3465, Serbien, Nordmazedonien, Griechenland und Türkei

POSITIV Tänze und Musik **NEGATIV** Karge Landschaften, Frost und Nebelschwaden **GELERNT** Radreisen ist ganz klar unser Ding, und endlich trauen wir uns, den Anhänger zu verscherbeln, den Reiserucksack liegen zu lassen und nagelneue Fahrradtaschen zu kaufen

In Belgrad werfen wir unsere Pläne über den Haufen, lassen den Donauradweg hinter uns und radeln gen Süden. Fast jeden Tag gefriert es, und wir erhoffen uns wärmeres Klima in Griechenland. Zum ersten Mal folgen wir keinen offiziellen Radrouten, sondern fahren einfach auf kleinen Landstraßen frei nach Lust und Laune. Tagelang geht es entlang abgemähter Felder durch Nebelschwaden.

Unsere steifgefrorenen Füße und Hände tauen wir in Läden und Bäckereien auf, in denen wir unnötig lange herumstehen und dann irgendetwas Billiges einkaufen. Nachts hat es bis zu −10 °C, und wir müssen kuscheln, was das Zeug hält. Schnell lernen wir, dass abendlicher Tee kontraproduktiv ist, da er die Blase füllt. Stattdessen kochen wir Suppe mit viel Chili, die wärmt auch von innen.

Ab Skopje wird es jeden Tag ein klein wenig wärmer, und als wir in Thessaloniki das Meer erreichen, ist es sogar ein paar Tage lang angenehm warm. Weihnachten und Neujahr frieren wir wieder, und als wir in Istanbul eintreffen, fällt der erste Schnee. Es ist gerade Anfang Januar, und wir haben die Nase bereits gestrichen voll vom Winter.

Online lernen wir Eda kennen. Gemeinsam mit ihrem Partner Emir und Freund Orkun hat sie ein Stück Land samt Gebäuden gepachtet, das die drei in ein kleines hübsches Hotel verwandeln wollen. Sie haben den ganzen Winter lang Zeit für die Arbeit und brauchen helfende Hände. Im Gegenzug bieten sie uns Kost und Logis. Bingo! Kurz darauf sitzen wir im Bus nach Fethiye. Zweieinhalb Monate bleiben wir, schleifen Fensterrahmen und Türen ab und streichen sie neu, kochen Hunde- und Katzenfutter, pflügen Beete, sägen trockene Palmwedel ab, hüten neugeborene Welpen, kochen für alle, bauen ein Hühnerhaus, versuchen den alten, bissigen Hengst zu zähmen und schließen nebenher Freundschaften fürs Leben. Als Ende März nur noch die Bergspitzen weiß sind, ist das Projekt Hotel schon ein ganzes Stück weitergekommen. Wir packen unsere Siebensachen, vergießen ein paar Tränchen, umarmen unsere Freunde und ziehen weiter.

Unsere Mitbewohner, Kollegen und Freunde Ali, Selin, Emir, Eda, Ersoy, Orkun und Ian verabschieden uns (oben). Auf Nebenstraßen durch Serbien (unten).

West- und Zentralasien

Die Ausläufer des Pamir-Hochgebirges in Kirgisistan

Radler mit Rettungsringen

Tag 259, Kilometer 5138, Türkei

POSITIV Pamukkale, Sonnenaufgang in Kappadokien, alte Küstenwanderwege bei Fethiye und die vielen Trinkwasserquellen am Straßenrad **NEGATIV** Es geht immer bergauf, selbst wenn alle sagen, es bliebe flach **GELERNT** Etwas Türkisch, die Okey-Spielregeln und ein Stehklo mit Wasser, statt Papier zu benutzen

»Wie kann das sein, du radelst jeden Tag und trotzdem bist du genauso dick wie ich!« Roberto guckt an sich herunter und ist für einen Moment sprachlos. Das kommt äußerst selten vor. Sein Gegenüber, eine füllige Frau mittleren Alters im engen rosa Rennradtrikot, grinst ihn an. Sie hat es nicht böse gemeint, sie hatte eher drahtig sportliche Muskelpakete erwartet und nicht zwei Normalos mit Rettungsringen.

Woran das liegt, wissen wir ganz genau. An sportlicher Betätigung mangelt es uns nicht. Die Türkei ist voller Berge, und bis wir die Schwarzmeerküste erreichen, geht's immer irgendwo rauf oder runter. Es ist vielmehr die kolossale Menge an Kalorien, die wir täglich aufnehmen. Grund dafür ist die unvergleichbare türkische Gastfreundschaft.

Gleich am ersten Tag im Land winkt uns eine Gruppe älterer Herren zu, die in einem Lädchen sitzt und Backgammon und Okey spielt. Einer formt seine linke Hand zu einem kleinen Teeglas und rührt mit der Rechten einen imaginären Löffel. Wir sollen ihnen auf ein Pläuschchen Gesellschaft leisten. Nach drei Gläsern beschließt die Gruppe, dass wir die Nacht bei Mustafa verbringen würden, seine Frau sei bereits zu Hause und bereite einen Schlafplatz vor. Zunächst sind wir noch überrascht ob der spontanen Gastfreundschaft gegenüber zwei völlig Fremden. Doch dies ist kein Einzelfall. Während unserer fünf Monate in der Türkei erfahren wir am eigenen Leib, dass es für Türken selbstverständlich ist, das, was sie haben, zu teilen, auch mit völlig Fremden. Reisende werden ohnehin immer unterstützt, sonst hätte es sich früher kaum jemand leisten können, nach Mekka zu pilgern.

Wochenlang bricht Roberto hinten rechts am Rad immer wieder eine Speiche. Da wir weder Nippelspanner noch Kettenpeitsche besitzen (und diese Werkzeuge für uns zu diesem Zeitpunkt noch wie

Im Frühjahr verlassen wir das ländliche Fethiye (oben). Ömer aus Rize zeigt uns die Teeplantagen der Region. Hier mit seiner Tochter Purki (unten).

Fantasienamen klingen), sind wir Dauerbesucher in allen lokalen Radlädchen auf dem Weg. Meist kriegen wir währenddessen noch einen Tee angeboten, und nicht selten heißt es hinterher, die Rechnung sei schon beglichen. Die Selbstverständlichkeit, mit der wir von fremden Menschen spontan eingeladen werden, fasziniert uns.

Nördlich von Ankara schlagen wir das Zelt auf einer Schafweide auf, nachdem wir das Okay von Ahmet, dem Schäfer, eingeholt haben. Seine Familie und er bestehen aber darauf, dass wir nicht schlafen gehen, ohne zuvor mit ihnen zu Abend gegessen zu haben.

An einer Tankstelle werden wir von der Betreiberin spontan zu Limonade und einem Essen in der Kantine eingeladen. Kurz darauf kommt uns ein Paar auf einem Trecker entgegen. Als sie uns auf ihrem Rückweg überholen, haben sie uns ein Eis mitgebracht. Wieder zelten wir zwischen zwei Feldern, und diesmal bekommen wir nächtlichen Besuch, der uns nicht schlecht erschreckt. Die Bauernsöhne sind mit Cola und Keksen auf einen Plausch vorbeigekommen, und bald sitzen wir gemeinsam auf dem Acker unter den Sternen, knabbern Kekse und stellen unsere mageren Türkischkenntnisse auf die Probe.

An einem Rastplatz kauen wir gerade an einem Stück Börek, das wir geschenkt bekommen haben, als Ömer und Umut, zwei Lkw-Fahrer, uns zu sich an den Tisch einladen. Auf einer Tischdecke aus Zeitungspapier liegen Fladenbrot, Honig, Oliven und Käse, Gurke und Tomate und natürlich Tee. Ein komplettes türkisches Frühstück. Wir bleiben in Kontakt mit Ömer und verbringen ein paar Wochen später ein paar Tage bei ihm und seiner Familie.

Je näher wir der Schwarzmeerküste kommen, umso energischer werden die Einladungen und umso größer auch die Rettungsringe. Bayran zum Beispiel, bei dessen Familie wir später übernachten würden, setzt sich einfach zu uns und fragt, wie wir heißen und wo wir hinfahren. »Habt ihr Hunger?« »Nein danke, wir haben gerade eine riesige Portion ...«. »Gut, dann nur etwas Kleines. Kellner, drei Pide, bitte! Und auch drei Ayran, ja, die großen.«

Alle paar Kilometer lernen wir liebenswürdige Leute kennen, quatschen, trinken Tee und essen einen Happen oder zwei. Wir wissen gar nicht, wie uns geschieht, ständig finden wir uns in einer anderen Küche wieder, unterhalten uns und kriegen die Teller immer wieder mit hausgemachten Köstlichkeiten aufgefüllt. Es ist ein bisschen wie bei Oma am Tisch, nur dass wir nicht mehr groß und stark werden müssen, sondern mit dem Kalorienverbrennen nicht hinterher kommen. Aber das ist uns herzlich egal. Wir genießen die Zeit bei den gastfreundlichen Türken, und wenn man uns das ansieht, dann ist das auch in Ordnung.

Tee wird immer und überall gereicht (oben). Die Strecke durch die Türkei ist landschaftlich sehr abwechslungsreich. Auch einen Salzsee gibt es (unten).

Abendbrot bei der Familie unseres neuen Freundes Hamid im Iran (oben).
In Armenien ist der Sommer Aprikosenzeit (unten).

Unkonventionell übernachten

Tag 312, Kilometer 6303, Grenzgebiet von Armenien und dem Iran

POSITIV In Armenien die Aprikosen, Lebkuchen und Barbecue an jeder Ecke; im Iran Ghormeh Sabzi (Eintopf), ZamZam-Limo und keine betrunkenen Autofahrer **NEGATIV** In Armenien Alltagssexismus und im Iran das komplexe kulturelle Konzept von Taroof **GELERNT** 30 Tage ≠ ein Monat

Die Grenze zum Iran liegt vor uns. Iran, das Land, vor dem wir immer gewarnt wurden – ausschließlich von Menschen, die noch nie da waren. Die meisten Iranreisenden kommen jedoch begeistert wieder. Im armenischen 5000-Seelen-Städtchen Meghri heben wir US-Dollars, armenische Dram und Euros für anderthalb Monate ab, denn im Iran dürfen Ausländer kein Geld abheben, und auch in den folgenden Ländern würde es schwierig werden, Geldautomaten aufzutreiben. Es fühlt sich seltsam an, mit so viel Geld in den Taschen herumzulaufen.

Wir fühlen uns wohl in unserem gemütlichen Zimmerchen mit den weinroten Gardinen, in dessen Mitte eine Tanzstange steht. Ein wenig wundern wir uns darüber, dass der Ganzkörperspiegel an der Decke hängt, statt an der Wand, doch erst als Roberto auf der Suche nach einem Feierabendbier den Schildern zum Restaurant folgend die Treppe hinuntergeht und in einem Stripclub landet, bestätigt sich unsere Vermutung: Unser Zimmer wird auch stundenweise vermietet. Die Frage bei unserer Ankunft, ob wir nicht ein paar weitere Frauen haben wollten, war wohl doch kein Übersetzungsfehler. Es ist sehr sauber, und alle sind nett zu uns, wir fühlen uns dennoch wohl. Als Reiseradler kann man es sich bei der Wahl einer günstigen Unterkunft ohnehin nicht leisten, wählerisch zu sein.

Den Abreisetag verschieben wir spontan, denn das Besitzerpaar des »Hotel and Restaurant«, wie es auf dem Schild draußen steht, lädt uns mit seinem Sohn zum Picknicken in den nahe gelegenen Biergarten ein. Wir unterhalten uns über ihren letzten Urlaub, deutsches Essen und darüber, dass sie als Armenier so manche Freunde und Geschäftspartner aus der Türkei und Aserbaidschan haben, auch wenn die politische Stimmung der Länder zueinander eisig ist.

Am nächsten Tag machen wir uns auf den Weg zum zehn Kilometer entfernten Grenzübergang. Immer wieder werden wir angehalten, nach unseren Pässen gefragt und auf Armenisch und Russisch angemeckert. Wir verstehen kein Wort und werden zur Grenzpolizei weitergeschickt, die uns erklärt, dass wir unser armenisches Visum überzogen haben! 30 Tage sind eben nicht das Gleiche wie ein Monat. Zum Glück drücken die Grenzbeamten alle Augen zu, schieben uns durch, drehen uns um, lassen uns von der anderen Seite erneut einreisen (Visum on arrival für schlappe sechs Euro) und stempeln uns dann bei erneuter Ausreise regulär aus. Glück gehabt!

Damit liegt die große Aufregung bereits hinter uns, als wir – ich mittlerweile mit Kopftuch – am iranischen Teil der Grenze eintreffen. Auch hier sind die Beamten freundlich, und schon sind wir in den Mittleren Osten eingereist. Dafür, dass Armeniens nächster Grenzübergang über 500 Kilometer entfernt im Norden des Landes liegt und nach Georgien führt, ist wirklich wenig los.

Von der Route durch die Berge wird uns abgeraten. Um nach Täbris zu fahren, sollen wir einen Umweg über die größere Straße nehmen. So kommt es, dass wir den ganzen Tag an der Grenze entlang nach Westen radeln, zunächst liegt noch Armenien auf der anderen Flussseite, dann später die Autonome Republik Nachitschewan, eine aserbaidschanische Exklave. Erst in Jolfa, einem 5000-Seelen-Städtchen, biegen wir in Richtung Landesinneres ab. Wir atmen auf. In permanenter Grenznähe fühlen wir uns immer etwas unwohl und beobachtet. Wir wollen eigentlich noch 20 Kilometer radeln, da entdecken wir einen Campingplatz. Den müssen wir uns genauer ansehen. Auf einer großen Rasenfläche liegen unzählige Picknickdecken. Darauf sitzen Familien unter Schatten spendenden Bäumen und essen, trinken, lachen und spielen. Im Laufe des frühen Abends packen die Familien die Picknickdecken ein und stellen Zelte auf die frei gewordenen Plätze. Ein Plätzchen ist noch frei, also stellen wir unser Zelt einfach dazu. Kostenlos, versteht sich, denn was ich für einen Campingplatz gehalten habe, ist in Wirklichkeit ein Stadtpark vor einer Moschee, und da der Freitag im Iran Wochenende bedeutet, gehen die Leute zelten. Einfach so, mitten in der Stadt im Park. Wir freunden uns direkt mit den Zeltnachbarn an und fühlen uns auf Anhieb wohl und sicher. Wir haben gelernt, einfach auf unser Gefühl zu vertrauen. Nachts öffnen wir sogar noch die Zelttüren, damit etwas Wind reinkommt, da wir sonst bei immer noch über 30 Grad zerfließen würden. Zähne putzen und uns waschen können wir im Bad der Moschee. Wir werden von den Nachbarn zum Frühstückspicknick eingeladen und ziehen kurz darauf sauber, satt und zufrieden weiter ins Landesinnere.

Die Melonenmisere

Tag 350, Kilometer 6532, Iran

POSITIV Frisches Obst, zoroastrische Tempelruinen, Gastfreundschaft und Hilfsbereitschaft, beeindruckende Moscheen, Karotteneis, Persepolis, zelten unterm Sternenhimmel **NEGATIV** Sittenpolizei, Hitze, einander öffentlich nicht berühren dürfen **GELERNT** Schwieriger Selbstversuch: einen Tag Ramadan im Hochsommer mit zu fasten; ein Kopftuch zu binden und dass Windtürme eigentlich antike Klimaanlagen sind

Es ist August und recht heiß im Nordosten des Irans, der von Wüstenklima geprägt ist. Für uns bedeutet das, noch vor Sonnenaufgang aufzustehen und zu packen, mit dem ersten Tageslicht loszuradeln und über Mittag und den frühen Nachmittag drei Stunden Pause einzuplanen.

Heute beträgt die Vormittagsetappe 40 Kilometer, dann wollen wir in einem Dorf Mittagspause machen, unsere Wasserflaschen auffüllen, etwas essen und uns ausruhen. Auf der Karte entgeht mir bei der Tagesplanung ein kleines Detail: Bei unserem Pausenort handelt es sich um ein Geisterdorf.

Es ist Mittag, als wir ankommen, und das nächste Dorf ist weit weg, also pausieren wir einfach im wohltuenden Schatten einer der Ruinen. Gelebt hat hier schon lange niemand mehr, und gruselig finden wir es bei Tageslicht auch nicht. Das Hauptproblem ist vielmehr, dass wir mit einer Wasserquelle gerechnet hatten. Also fahren wir nach unserer Pause notgedrungen mit je einer letzten halbvollen Flasche pipiwarmen Wassers weiter. Von jetzt an wird nicht mehr gegessen, geraucht, durch die Nase geatmet und nur das Nötigste gesprochen. Plötzlich wirkt die Wüste viel trockener als zuvor. Die Strecke ist langweilig, und meine Gedanken driften ab. Das passiert häufiger auf öden Strecken. Oft analysiere ich Kindheitserlebnisse oder stelle mir Vorstellungsgespräche für einen tollen Job vor. Dabei radle ich von ganz allein um Schlaglöcher herum und achte auf Autos und Schilder.

In meinem heutigen Tagtraum erreichen wir eine Oase wie aus dem Bilderbuch, mit Palmen und einem Brunnen und bunten Vögeln und saftigen Wassermelonen. Als ich aus meinem Tagtraum aufschrecke, ist da wieder nur Wüste, so weit das Auge reicht, geteilt nur von der geteerten Linie, auf der wir uns befinden. Und dann am Horizont das Minarett einer Moschee. Moment! Wo eine Moschee ist, da waschen sich Leute, und wo man sich waschen kann, da gibt es Wasser!

Wir kippen die letzten heißen Tropfen in die trockenen Kehlen, fegen die spontan auftauchende Sorge, es könnte sich um eine Fata Morgana handeln, einfach beiseite, geben noch einmal so richtig Gas und erreichen wirklich bald eine moderne »Oase« in Form eines Busbahnhofs. Hier gibt es Menschen, Läden und Wasser. Wir ruhen uns aus, essen und trinken und kaufen zwei gefrorene Flaschen Trinkwasser. Damit kann man sich die Haut kühlen oder andere Lebensmittel kühl halten, und das geschmolzene Wasser kann man nach und nach austrinken. Während wir so dasitzen und die Pause genießen, kommt ein junger Mann zu uns und drückt Roberto eine ganze Wassermelone in die Hand. Es sei ein Geschenk, er hoffe, sie schmeckt uns und überhaupt »Welcome to Iran!«. Einfach so. Nicht zum ersten Mal stelle ich mir vor, wie es wäre. würde jemand in Deutschland auf einen wildfremden Touristen zugehen, ihm eine Tüte Äpfel schenken, einfach nur so, und ihn auf Englisch im Land willkommen heißen. Wir bedanken uns vielmals, zücken das Taschenmesser und machen uns gleich ans Auffuttern. So eine frische Melone ist nämlich nicht nur super lecker, sondern auch ziemlich schwer und lässt sich, rund von außen und klebrig von innen, auch nicht ganz leicht auf dem Gepäckträger befestigen. Als wir uns mit klebrigen Mündern und runden Bäuchen vom edlen Spender verabschieden, bekommen wir gleich eine weitere Wassermelone aufgeladen, »für den langen Weg«. Widerrede zwecklos. Die Gastfreundschaft und Hilfsbereitschaft der Perser ist unübertroffen.

Wir transportieren die Wassermelone tatsächlich an einem Stück bis zu einer Moschee, neben der wir die Nacht im Freien verbringen, und am nächsten Tag bis zum Stadtpark von Semnan, wo sie mir vom Gepäckträger rutscht und platzt, während wir das Zelt aufstellen. Am folgenden Morgen, meinem Geburtstag, frühstücke ich die Hälfte, die die Ameisen mir übrig gelassen haben. Roberto verpasst das Frühstück, denn ihn hat die Polizei nach einer spontanen Passkontrolle mitgenommen. »Dauert nicht lang«, hieß es. Ich sitze da, warte tiefenentspannt, wundere mich über meine eigene Gelassenheit, und tatsächlich kommt er nach nicht einmal zwei Stunden wieder, verabschiedet sich freundschaftlich von den Polizisten und faltet einen Flyer zusammen, bis er in seine Hosentasche passt. »Ich glaube, die wollten einfach mal einen mexikanischen Pass durchblättern!«, flüstert er, als die Polizisten wieder im Auto sitzen. »Und das hier«, er deutet auf den Flyer »haben sie mir auf der Wache gegeben, nachdem sie meinen Pass ganz genau durchgesehen haben. Eine Anleitung für sicheres Reisen im Iran. Regel Nummer eins: Gib nie deinen Pass raus.«

Zoroastrische Ruinen in der Nähe von Yazd (oben).
Ans Radeln mit Kopftuch gewöhne ich mich schnell (unten).

Der Präsident im Baumwollfeld

Tag 362, Kilometer 6690, Turkmenistan

POSITIV Sehr komfortable Schlafwaggons im Zug
NEGATIV Das Gefühl, verfolgt zu werden **GELERNT** Goldener Prunk und bunter Alltag liegen dicht beieinander

Turkmenistan ist das Nadelöhr der Reiseradler. Ein Großteil der Radler, der zwischen Asien und Europa unterwegs ist, radelt entweder über Kasachstan und Russland oder über Turkmenistan und Usbekistan. Das Transitvisum für Turkmenistan kostet für fünf Tage stolze 55 Dollar, und die kürzeste Strecke durchs Land beträgt knapp 500 Kilometer. Das ist ein sehr eng gesteckter Zeitrahmen, zumal die Straßen voller Schlaglöcher sind und der Wind von Osten kommt, aber es ist machbar. Sofern man nicht seinen ersten Visumstag mit Magenkrämpfen und Tropf auf der Arztliege im iranischen Grenzdorf verbringt, so wie Roberto.

Zwei Tage später geht es Roberto zum Glück gut genug, um aufrecht zu stehen und zu gehen, doch unser »Radelfenster« ist passé. Wir beschließen, das Land nun möglichst schnell mit öffentlichen Transportmitteln zu durchqueren. Da der Zug nach Mary erst in zwei Tagen wieder fährt und es keine Busse gibt, verladen wir die Räder in ein Taxi und werden gründlich durchgeschüttelt. Manche Schlaglöcher sind länger als unsere Räder. Ich sehe aus dem Fenster. Dort sind Büsche, Militärposten, lachende Menschen in enger bunter Kleidung mit passenden Schuhen und Haarbändern oder Kopftüchern. Dabei höre ich dem Paar auf den Vordersitzen zu. Die beiden reden und lachen laut. Ich verstehe einzelne Wortfetzen, da Turkmenisch und Türkisch einander ähneln. Auch die Beifahrerin ist kunterbunt gekleidet, in ihrem Mund glitzern mehrere Goldzähne, und sie wirft jedes Mal den Kopf in den Nacken und haut sich auf die Oberschenkel, wenn sie lacht. Erst jetzt wird mir klar, wie sehr ich diese offene Freude, die Unbeschwertheit und die vielen Farben im Iran vermisst habe. Ich selbst trage wieder ein kurzärmliges Shirt, aber habe mich über anderthalb Monate an das Kopftuch so gewöhnt, dass ich ein paar Tage brauche, bis ich mich auch ohne wieder wohlfühle.

Da Roberto sich etwas besser fühlt, beschließen wir, das Beste aus unserer Lage zu machen und uns umzusehen. Das Zentrum der Stadt besteht aus Dutzenden von überdimensionierten Gebäuden. An vielen prangt ein Bild des Präsidenten. Überall glänzen bunte Kuppeln, weiße Wände reflektieren die Mittagssonne, und ich kann die Augen kaum offen halten, so sehr blendet mich das Licht. Kein Körnchen Staub ist in Sicht, alles ist so neu, so exakt, so irreal, fast wie eine prunkvolle Filmkulisse. Es dauert eine Weile, bis mir klar wird, was das Ganze so künstlich wirken lässt. Es ist die Abwesenheit von Menschen. Man sieht sie weder in der nagelneuen Moschee noch auf der Straße oder in der Bibliothek. Ein Geisterviertel mitten in der Stadt?

Im Mary Museum schließen wir uns einer geführten Tour an. Doch bevor wir den Teil erreichen, in dem wir von Land und Leuten, Geschichte und Kultur, aber auch von Seide erfahren, werden wir in die sogenannte Halle der Renaissance geführt. Diesen Raum dominieren Bilder des Präsidenten Turkmenistans. Unser Museumsführer Yakub deutet auf eines: »Schauen Sie, hier steht unser Präsident gemeinsam mit den Erntehelfern in einem Baumwollfeld.« Während er die Bedeutung von Baumwolle für die Kultur Turkmenistans erläutert, schaue ich mir das Bild genau an. Mein Blick wandert durch den Raum. Der Präsident bei einem traditionellen Tanz. Der Präsident lenkt eine Jacht. Steht vor einer typischen Jurte. Sitzt in einem Rennwagen. Steht in einer Gruppe strahlender Kinder. Spielt Golf. »Ist unser Präsident nicht außerordentlich sportlich? Hier sehen Sie ihn beim Polospielen«, Yakub zeigt auf ein weiteres Bild, diesmal trägt der Präsident traditionelle Polokleidung und sitzt auf einem Pferd, während er in die Kamera lacht. Wir lächeln Yakub höflich an, schauen uns interessiert weiter um und tauschen dann für einen Bruchteil einer Sekunde Blicke aus. Das reicht. Mir fällt der Begriff »Nordkorea Zentralasiens« ein, der in einem Artikel über Turkmenistans Menschenrechte und Pressefreiheit zu lesen war.

Während der folgenden zwei Stunden der Tour bietet Yakub auch seinen Service als Fahrer und Touristenführer zu den Ruinen von Merw an und bewirbt das Hotel seines Cousins, das »sehr charmant« und »gar nicht teuer« sei.

Mit den Köpfen voller neuer Eindrücke verlassen wir schweigend das Museum und schlendern ziellos durch die Stadt, weg von den großen Chausseen. Und endlich treffen wir auf andere Menschen. Wir entdecken einen Basar, Fahrräder, Karren, Müll, machen unsere ersten Begegnungen, kaufen Obst und Seife, trinken in einer Bar unser erstes Bier seit Armenien, essen Schaschlikspieße und saugen die Farben und das Gewusel in uns auf. Das tut gut. Welch ein Kontrast zur Filmkulissenwelt nur wenige 100 Meter weiter!

Obst- und Gemüseverkäuferinnen auf dem Markt (oben). Verrauchte Schaschlikgrillküche (Mitte). Besitzer des Seifen- und Parfümstands (unten).

Die Gurbanguly Hajji Moschee wurde erst 2009 fertiggestellt und mutet unter dem strahlend blauen Himmel ein bisschen unwirklich an.

Esmeralda

Tag 364, Kilometer 6730, Grenzregion Turkmenistan und Usbekistan

POSITIV Viele einheimische Radler in Turkmenabat **NEGATIV** Gegenwind
GELERNT Den Wechselkurs noch vor dem Grenzübertritt herausfinden

Im Morgengrauen erreicht unser Nachtzug Turkmenabat. Uns bleibt der ganze Tag für die letzten 30 Kilometer bis zur Grenze. Dennoch halten wir uns nicht in der Stadt auf, sondern sehen zu, dass wir Land gewinnen, denn Roberto ist noch längst nicht wieder auf der Höhe. Es geht mit Gegenwind durch eine sehr karge Landschaft. Ein einzelnes Auto hält, und die Fahrerin winkt uns heran. Ob wir Geld wechseln wollen. Na, aber sicher wollen wir das. Die ersten Stunden bis Tage in einem neuen Land, in dem man keinen Cent der Landeswährung in der Tasche hat, sind immer etwas schwierig zu meistern. Wir kratzen unsere letzten turkmenischen Manat und iranischen Rial zusammen, legen ein paar US-Dollar drauf, feilschen hart und bekommen dafür eine kleine Plastiktüte voller Geldscheine. Unsere erste halbe Million usbekischer Som! Obendrauf bekommen wir noch einen Laib Brot geschenkt, was uns dann doch etwas stutzig macht und dazu veranlasst, ein paar Tage später den Wechselkurs zu googeln. Wie sich dann herausstellt, hatte die Frau wohl ein schlechtes Gewissen, uns derartig über den Tisch zu ziehen, dass sie uns ein Brot als Trostpreis schenkte. Da wir all das aber noch nicht wissen, verabschieden wir uns lächelnd von der netten Geldwechslerin.

Wir lassen uns auf der turkmenischen Seite der Grenze anblaffen, herumscheuchen und ausstempeln und erreichen dann den usbekischen Grenzposten. Auch hier erwarten uns grimmig dreinblickende Soldaten mit Gewehren. Roberto schlottern die Knie. Schon als Grundschüler ist er täglich von seiner Heimatstadt Tijuana in eine Schule in den USA gependelt. Visaanträge, Grenzüberquerungen und die Willkür mancher Grenzbeamter bereiten ihm seither immer Bauchschmerzen.

Wir nähern uns dem Stacheldrahtzaun, da kommt ein kleiner, aber sehr kräftiger und sichtlich übellauniger Grenzbeamter auf uns zu, schaut Roberto genau an und knurrt etwas, das wie »Otkuda« klingt. Da wir kein Wort Usbekisch oder Russisch sprechen, ist jetzt Improvisation gefragt. Dies ist die 13. Grenzüberquerung. Die ersten

Fragen waren bisher meist das Wohin, das Woher und die Staatsbürgerschaft. »Mexiko und Deutschland«, antwortet Roberto betont gelassen und deutet dabei auf mich und sich selbst. Dem Beamten fällt für einen Moment die Kinnlade hinunter. »Mexiko?«, wiederholt er ungläubig, dann hellt sich sein Gesicht auf, und er strahlt von einem Ohr zum andern. »Esmeralda!« Er öffnet eine Tür im Zaun und lässt uns vor den anderen Menschen in der Schlange hindurch. Während wir neben ihm herlaufen, wechsle ich kurz einen Blick mit Roberto, der auch nicht weiß, warum er so fröhlich mit einem etwas altbackenen Frauennamen angesprochen wird. Der Beamte spricht auf Spanisch weiter. »Te amo, José Armando!«, ruft er mit hoher Stimme, und »No me dejes, Rodolfo!« Dann klingelt es bei Roberto, und auch er wirft mit schnulzigen Ausdrücken um sich. »Ich sehe mit den Augen der Liebe«, bekennt er und sagt, er würde nie jemand anderen lieben als seine Esmeralda. Die beiden kichern wie zwei Schuljungen, während wir in Richtung Grenzhäuschen laufen. »Mexiko! Der kommt aus Mexiko! Wie Esmeralda!«, ruft der Grenzbeamte allen Kollegen zu. Ich tappe verwirrt hinterher. Wir werden bis hinter den ersten Schlagbaum eskortiert, lachend per Handschlag verabschiedet und an den nächsten Beamten verwiesen. Ich verstehe noch immer nicht, was gerade geschehen ist, warum wir die Schlange abkürzen durften, warum wir nicht wie üblich angemotzt wurden, warum der Beamte José Armando liebt und was das bitte gerade alles war. Erst als wir auf der anderen Seite des Grenzpostens ankommen, kann Roberto es erklären. Mexiko ist bekannt für seine besonders dramatischen Seifenopern. Eine davon ist »Esmeralda«, stammt von 1997 und handelt von zwei nach der Geburt vertauschten Babys, die jeweils in einem sehr reichen und einem sehr armen Haushalt aufwachsen und sich viele Jahre später ineinander verlieben, was den vermeintlichen Eltern natürlich gar nicht recht ist. Mit dabei: Intrigen, Eifersucht, Dramen, unsterbliche Liebe, Manipulation und viele einschlägige Sätze auf Spanisch. Die Show ist in Usbekistan so beliebt, dass sie mit Untertiteln versehen jeden Abend ausgestrahlt wird. Zuschauer sind die ganze Familie, Frauen und Männer, Kinder und Alte. Und natürlich auch unser Grenzbeamter mit den rudimentären, sehr kitschigen Spanischkenntnissen. So kommt es, dass die Telenovela, die bei Roberto zu Hause immer in der Küche im Hintergrund flimmerte, uns die Tür nach Usbekistan öffnet.

Zwischen Eselskarren hinterm Mond

Tag 366, Kilometer 6832, ländliches Usbekistan

POSITIV Melonen bis zum Abwinken; Leute, die immer Zeit für ein Pläuschchen haben **NEGATIV** Gähnende Leere in Regalen der Dorfläden **GELERNT** Wenn die Zwiebeln in der Suppe knusprig-wabbelig sind, sind es höchstwahrscheinlich keine Zwiebeln, sondern Fettfetzen

Ich kenne absolut niemanden, der schon einmal in Usbekistan war. Ich hatte auch keine Ahnung, was mich erwarten würde, und bis vor Kurzem wusste ich noch nicht einmal, wo Usbekistan überhaupt liegt, nur dass es weit weg ist und einmal zur Sowjetunion gehört hat. Wie ich später herausfinde, sind Usbekistan und Liechtenstein die einzigen Länder der Erde, die nur von Binnenstaaten umgeben sind. Man muss also mindestens zwei Staatsgrenzen überqueren, um zu einem offenen Meer zu gelangen.

In den ersten Tagen im Land radeln wir durch trockene Landschaften, vorbei an langen Wüstenstrichen und scheinbar endlosen Baumwollfeldern. Das Wetter könnte Anfang September nicht besser sein. Tagsüber ist es sonnig warm, aber nicht zu heiß, nachts kühlt es ab, ohne dass man frieren muss, dabei ist Usbekistan bekannt für heiße, trockene Sommer und eisige Winter. Wir unterhalten uns mit Wortfetzen und einzelnen usbekischen, russischen, persischen und türkischen Vokabeln, sowie mit Handzeichen, staunen über die vielen schimmernden Goldzähne in den Mündern der Menschen, über die bunten Stoffe der Frauenkleidung, die hübschen bunten oder goldenen Hüte der Männer und die handgewebten Tischdecken. In den Dorfläden haben wir zwar nur die Wahl zwischen Reis, Konserven und alten Keksen, dafür gibt es frisches Obst und Gemüse gleich neben den Feldern im Straßenverkauf. Wir verrichten unser Geschäft in Plumpsklos, die nur aus einem Loch und vier Wänden bestehen, und teilen die holprige Straße mit Eselskarren.

Der ländliche Alltag ist simpel und schön. Umso mehr staunen wir, als wir Buchara mit seiner Viertelmillion Einwohner erreichen. Plötzlich ist alles voller ausländischer Touristen, wir hören viel Englisch und manchmal sogar Deutsch.

Den Eselskarren können schon die Jüngsten lenken (oben).
Die Baumwollpflückerinnen schützen sich vor der Sonne (unten).

Die uralte intakte Altstadt zählt zum UNESCO-Weltkulturerbe. Neben Moscheen, Medressen und Mausoleen liegen Hotels und Gasthäuser, ja, sogar Backpacker-Hostels mit WLAN. Es gibt Restaurants (eines sogar mit Tanzfläche), Latte Macchiato und Souvenirshops. Neben Bahnhof und Busbahnhof besitzt die Stadt sogar einen internationalen Flughafen.

Die Lungen voller Stadtluft, schwingen wir uns nach einigen Tagen wieder in den Sattel. Kaum liegt die Stadt hinterm Horizont, fühlen wir uns gleich wieder frei und fern von allem. Die Vögel zwitschern. Es ist, als wären wir in einem völlig anderen Land. Wir trinken Milch, die per Hand direkt in unsere Tasse gemolken wird, kaufen Melonen und Wassermelonen vom Händler am Straßenrand und übernachten im Gras neben einem Baumwollfeld, bei einer Familie im Wohnzimmer und im Zelt unter Apfelbäumen. Es bläst ein fieser Gegenwind, aber die Fahrt ist idyllisch – das ländliche Leben gefällt uns.

Eines Abends lernen wir ein kleines, aber kräftiges Mädchen kennen, das gerade ein ebenso energisches Bullenkalb hinter sich her nach Hause zerrt. Wir sollen ihr folgen. Die usbekische Pippi Langstrumpf heißt in Wirklichkeit Gulchenza und ist sehr kreativ. In selbst ausgedachter Zeichensprache dolmetscht sie zwischen uns und ihren Eltern und älteren Geschwistern. So kommt es, dass wir die Nacht auf ihrem Grundstück verbringen, unter selbst gestickten warmen Decken unterm Sternenhimmel.

Nach einigen Tagen erreichen wir das wuselige Samarkand und werden binnen Minuten wieder aus dem ländlichen ins urbane Usbekistan katapultiert.

Samarkand ist doppelt so groß wie Buchara und kommt uns wahnsinnig fortschrittlich vor. Dabei gibt es in der ganzen Stadt nicht einmal einen Geldautomaten. Das Zentrum strotzt vor Geschichte, Prunk und touristischen Sehenswürdigkeiten. In einem Hostel laufe ich überraschend einem alten Klassenkameraden in die Arme, der auf dem Heimweg vom Baikalsee einen Umweg gemacht hat. So viel übrigens zum Thema »ich kenne niemanden, der schon einmal in Usbekistan war«.

Die Architektur der Medressen und Moscheen ist einzigartig und absolut beeindruckend, aber was unsere Erinnerung an Usbekistan prägen würde, sind vielmehr der Wind, der durch Sonnenblumen- und Baumwollfelder rauscht, das Geklapper von Eselshufen, Gulchenzas helles Lachen, der Geschmack der noch warmen Milch und der frischen Melonen, der klare Sternenhimmel und die beeindruckende Gastfreundschaft der Menschen.

Plov

Tag 373, Kilometer 7097, Samarkand, Usbekistan

POSITIV Prunkvolle islamische Architektur **NEGATIV** Beschleunigte Verdauung aufgrund der fettreichen Ernährung **GELERNT** Backgammon

Auf einem kleinen Platz im quirligen Samarkand kocht eine Gruppe Souvenirverkäufer ihr Essen. Wir gucken wohl etwas zu neugierig drein, denn wir werden direkt dazu gewunken. Das von Verkäufern, die täglich mit Touristen wie uns zu tun haben und nun eigentlich endlich Ruhe haben.

Roberto setzt sich an den Männertisch, ich setze mich zu den Frauen. Plov ist ein traditionelles Reisgericht, das in einem überdimensionalen Wok, dem Kazan, in drei Schichten gestapelt über dem Feuer gegart wird. Auf einen Lagan (große Schale) kommt zunächst eine große Schicht öliger Reis, darauf das Gemüse (Karotten und Zwiebeln) und oben etwas Hammelfleisch. Gegessen wird mit der Hand, was schwieriger ist, als es klingt. Damit wir nicht hungrig bleiben, bekommen Roberto und ich ausnahmsweise jeder einen Löffel. »Greift zu«, sagt der Koch und setzt sich zu Roberto und den anderen. Der schnappt sich ein Stück Fleisch, woraufhin es kurz still wird am Tisch. »So nicht, Roberto!«, raunt Tischnachbar Jamshid ihm leise zu. »Das Fleisch am Schluss.« Roberto läuft rot an, kaut, was er bereits im Mund hat, unauffällig weiter und legt den Rest zurück. Er fühlt sich wie ein kleiner Junge, der in der Kirche von seiner Oma zurechtgewiesen wird. Jamshid erzählt schnell etwas Lustiges auf Usbekisch, und schon gehen die Gespräche weiter. Dann lehnt er sich zu Roberto rüber und erklärt, Plov ist ein üppiges, fettiges Gericht, das den ganzen Tag satt halten soll. Wenn sich aber mehrere Leute einen Lagan teilen und einer davon gierig ist oder ein schneller Esser, läuft man Gefahr, nur die Sättigungsbeilage abzukriegen und den besten Teil zu verpassen. Deshalb isst man zunächst unten den Reis, dann kommt die Schicht Gemüse, und ganz zum Schluss bekommt jeder das wunderbar zarte Fleisch, das auf seine Seite des Tellers gefallen ist. So wird sichergestellt, dass alle sich an Reis und Gemüse satt essen können und jeder in etwa die gleiche Menge Fleisch abbekommt.

Roberto ist schwer beeindruckt. Was die Art Plov zu essen über die usbekische Kultur der Gastfreundschaft aussagt, ist wirklich faszinierend. Es wird an jeden gedacht, und es gibt immer genug für alle.

Alle Läden des Platzes sind geschlossen, denn die Souvenirverkäufer sind zum Plov-Essen verabredet. Am Männertisch wird gerade aufgetan.

Zu früh gefreut

Tag 394, Kilometer 7706, Gebiet Dschalalabat, Kirgisistan

POSITIV Natur, Tiere, glasklare Flüsse, freundliche Menschen, recht gute Straßen mit wenig Verkehr, atemberaubende Blicke auf die Berge
NEGATIV Bergblicke bedeuten eben auch bergauf fahren
GELERNT Çay ≠ Tee – und wer alpine Verhältnisse nicht ernst nimmt, muss womöglich einen hohen Preis für seine Ignoranz zahlen

Wir haben gerade den Toktogul-Stausee im Westen Kirgisistans umfahren, als die Sonne hinter den Bergen verschwindet. Nun müssen wir uns aber schnell nach einem Zeltplatz umschauen. Im Dörfchen Torkent überholen wir zwei Frauen, die je einen Buggy vor sich herschieben. Die Kleinkinder spielen mit Spielzeughandys, aus denen Klingeltöne und Nummern schallen. Roberto dreht sich nach einem der Kleinen um. Er liebt es, Kindern lustige Gesichter zu machen. »Salam«, begrüßt uns die Frau hinter dem Buggy, die sich uns später als Mira vorstellt. Wir kommen gleich ins Gespräch. »Einen Zeltplatz sucht ihr? Na, dann kommt mal mit!«, lädt sie uns ein. Mira verabschiedet sich von ihrer Freundin, und wir schieben Räder und Buggy samt Enkelkind neben uns her.

Wir machen uns gerade daran, noch schnell vor der Dunkelheit das Zelt auf Miras blitzblank gefegtem Innenhof aufzubauen, da winkt sie uns ins Haus. Wir sollen erst einmal einen »Çay« mit ihr trinken. Wenn die Kirgisen aber von »Tee trinken« sprechen, meinen sie meistens eine handfeste Mahlzeit mit Brot, Süßem und Deftigem. Mira macht da keine Ausnahme.

Ein paar Stunden zuvor haben wir den letzten Melonenstand der Saison geplündert, und unsere Bäuche sind noch immer kugelrund. Als wir die ersten Bissen von Miras selbst gebackenem Brot probieren, ist es schon um uns geschehen. Das Brot zergeht fast auf der Zunge, und während wir noch kauen, stellt Mira uns selbst gekochte Himbeermarmelade auf den Tisch. »Nehmt mehr, noch mehr!«, ermuntert sie uns und zerbrockt noch mehr Brot. Eigentlich sind wir wirklich satt, doch es schmeckt so gut. Und wenn Mira doch darauf besteht? Bald haben wir uns beide hoffnungslos überfressen und strecken nur noch hilflos Hände und Füße von uns. Als wir uns endlich aufraffen, um das Zelt aufzubauen, winkt Mira ab. »Hier«, sagt sie und führt uns in ein kleines Zimmer voller Matratzen. »Draußen ist es viel zu kalt.« Wir tragen gerade unser Hab und Gut ins warme

Haus, als Miras Mann und ihr erwachsener Sohn nach Hause kommen. Sie wurden nicht vorgewarnt, dennoch werden wir herzlich begrüßt und fühlen uns sehr willkommen. Die beiden sind hungrig, und auch wir werden wieder in die Küche gebeten. Nanu, wir haben doch schon gegessen, was ist denn das jetzt? Nachtisch jedenfalls nicht. Ich rufe zunächst schüchtern, dann lauter: »Halt, halt, das reicht schon«, doch Mira füllt unsere Schüsseln bis zum Rand voll mit Suppe. Aber wenn das jetzt das Abendbrot ist, dann muss der »Çay« ja das kirgisische Äquivalent zu Kaffee und Kuchen gewesen sein! Eine kleine Zwischenmahlzeit. Und Mira hat höflich nachgelegt, weil man das eben so macht, während wir Armleuchter uns gierig bis oben hin vollgestopft haben.

Wir bedanken uns peinlich berührt und greifen zu den Löffeln. Würden wir die Suppe ablehnen, würden wir damit unsere Gastgeberin vor den Kopf stoßen. Obwohl wir fast platzen, probieren wir also, denn wir wollen wirklich nicht unhöflich sein. Es riecht sehr intensiv und schmeckt, als hätte jemand ein ganzes Schaf in die Schüssel gepresst. Wir werden genau beim Essen beobachtet, loben viel, vermeiden die größten Fettstücke und kämpfen uns Löffel für Löffel durch. Ich will heimlich den Rest zu Roberto schieben, doch auch er kämpft hart, und ich meine den Löffel in seiner Hand zittern zu sehen. Nach einer halben Portion geben wir beide auf. Mira ist jedenfalls zufrieden, dass es uns geschmeckt hat und wohl auch, dass sie uns beide unersättliche Besucher endlich satt gekriegt hat.

Kurz darauf fallen wir völlig ausgelaugt in die Federn. Es war ein langer Radeltag, die heiße Suppe und all der Tee machen mich schläfrig, und ich dämmere bald weg. Um Mitternacht wache ich mit Magenschmerzen und einem gefährlichen Blubbern im Bauch auf. Zum Glück hat Mira uns den Weg zum Plumpsklo gezeigt. Jetzt aber schnell! Ich öffne die quietschende Schlafzimmertür. So schnell und leise wie möglich springe ich in meine Schuhe, drehe den Haustürschlüssel um, der trotz aller Vorsicht laut scheppert, ziehe den Hebel weg und öffne die knarrende Tür. Ich durchquere den großen Garten im Mondlicht und erreiche die Tür zur Pferdeweide. Mit einem lauten Rumms schiebe ich den Bolzen zurück, öffne die Tür, schließe sie sorgfältig wieder hinter mir und renne die letzten Meter zum Plumpsklo. Das war aber knapp. Roberto schläft selig weiter.

Die Quiek-schepper-knarr-rumms-Prozedur wiederholt sich in dieser Nacht noch vier weitere Male. Das habe ich nun von meiner Höflichkeit und Gier. Erst kurz vor dem Sonnenaufgang ist mein Darm endlich leer. Geweckt habe ich scheinbar niemanden außer Roberto, der wundersamerweise eine recht erholsame Nacht hatte. Er hatte sich allerdings auch am Nachmittag beim Melonenstand zurückgehalten. Zum Abschied tauschen wir Adressen aus, bedanken uns für die Gastfreundschaft und steigen mit etwas wackeligen Beinen auf die Räder. Mira und ihre Familie sind ein Paradebeispiel für die kirgisische Gastfreundschaft Fremden gegenüber. Menschen wie sie machen die Reise in diesem landschaftlich so unglaublich schönen Land erst zu etwas ganz Besonderem.

Den Vormittag über ist das Strampeln mühsam, aber abends hat sich mein Magen wieder erholt. Ab heute geht es konstant bergauf. Obwohl wir fitter sind als am Anfang der Reise, schlaucht der Aufstieg zum Ala-Bel-Pass. Die Nacht verbringen wir in einem Gasthaus, in dem wir zum ersten Mal seit Monaten Kälte spürten. Wir befinden uns gerade einmal auf 1000 Metern über dem Meeresspiegel. Am folgenden Morgen erwarten uns 25 Kilometer Anstieg bis zum Ala-Bel-Pass, so heißt es, also sehen wir zu, dass wir zwar langsam, aber stetig radeln. Die Vegetation wird immer spärlicher, auch die in den Bergen verstreuten Pferdeherden und die Honigstände werden seltener. Dörfer gibt es keine mehr, Verkehr kaum, es sind keine Jurten zu sehen, dafür kommen die verschneiten Gipfel immer näher. Die letzten fünf Kilometer sind anstrengend. Vor der letzten Kurve pausieren wir, genießen den Blick und essen unseren Proviant auf. Er ist nun beinahe geschafft, der höchste Bergpass meines (Radler-)Lebens.

Erst als wir um die Kurve herumradeln, erkennen wir, dass wir uns zu früh gefreut haben. Vor uns windet sich die Straße in vielen Kurven eine weitere Bergwand hinauf. Aber wir haben doch schon 25 Kilometer geschafft, wie kann der Pass noch so weit weg sein? Ganz einfach, die Information war ungenau. Den Autofahrern kann es egal sein, aber für uns war diese Angabe sehr wichtig.

Es bleibt uns nichts übrig, als die Zähne zusammenzubeißen und weiter zu strampeln. Nun kommen wir so richtig ins Schwitzen. Nach fünf weiteren Kilometern radeln wir auf frisch geräumter Straße neben einer einen Meter hohen Schneewand. Es wird steiler und die Luft wird dünner, zumindest für mich als Flachlandbewohnerin. Die letzten acht Kilometer fahren wir im Schatten, denn die Sonne hat sich bereits hinter den noch höheren Gipfeln verzogen. Immer wieder muss ich anhalten, verschnaufen und dann mühsam bei zwölf Prozent Steigung wieder anfahren. Nach 38 Kilometern ist es endlich geschafft, und wir stehen nach Luft schnappend auf dem 3175 Meter hohen Ala-Bel-Pass. Hier oben weht ein eisiger Wind, und anstatt unseren Triumph zu feiern, wollen wir schnell weiterziehen. Die 13 Extra-

Noch dürfen die Pferde wild grasen (oben). In Kirgisistan wird viel Essen noch selbst zubereitet (unten). Auf dem Weg zur chinesischen Grenze (Mitte groß).

Der Toktogul-Stausee (oben). Die Herde wird für den Winter ins Tal getrieben (Mitte). Blick aus dem Führerhäuschen kurz vor dem Töö-Pass (unten).

kilometer haben unseren Tagesplan gehörig durcheinandergebracht, denn es ist fast abends, und wir sind viel später dran als geplant.

Also schnell wieder aufgestiegen, der schönste Teil liegt vor uns: Wir können uns hinabrollen lassen. Wie wir so den Berg heruntersausen, fangen meine Zähne an zu klappern. Shirt, Pulli und meine einzige Jacke sind noch klatschnass geschwitzt, die Hose ist dünn, beide Schuhe haben ein Loch, und unsere Handschuhe haben wir bereits in der Türkei verschenkt. Meine Füße gleichen Eisblöcken, und es bläst mir eisig über den Halsausschnitt und die Ärmel genau auf Brust und Rücken. Ich halte keine zehn Kilometer aus, dann klappert und zittert alles an mir. So kann es nicht weitergehen. Wir müssen aus unseren Klamotten raus und in einen warmen Raum hinein. Nur wo? Unsere Schlafsäcke sind für solche Verhältnisse nicht geeignet, wir müssen also schnell ins nächste Dorf gelangen. Wir werfen alle Pläne um, Roberto wickelt den Schlafsack um mich herum, hält den Daumen raus und wir lassen uns mitnehmen. Da das nächste Dorf zwar in der Karte existiert, jedoch nicht in der Realität, fahren wir mit bis zum Fuß des nächsten Passes, der für die Nacht geschlossen ist, und verbringen eine Nacht im geheizten Führerhäuschen, gucken »Jurassic Park« auf Tadschikisch, hören georgische Popmusik, und laden unsere neuen Freunde auf Kekse und Cola ein, bevor wir am nächsten Vormittag motorisiert zum 3180 Meter hohen Töö-Pass hinauffahren. Das nagt ganz gewaltig an unserem Radler-Ego. Doch noch viel schlimmer trifft es uns, als wir bemerken, dass in der ganzen Aufregung Robertos Kamera samt Objektiven und vollen Speicherkarten aus seiner Tasche verschwunden sind. Das ist ein hoher Preis, den wir nur deshalb zahlen müssen, weil wir die Risiken alpinen Wetters in Kirgisistan im späten Herbst nicht ernst genommen haben. In der Hauptstadt Bischkek schaffen wir uns endlich eine wetterfeste und wärmere Ausrüstung an.

Wer sich die Kamera unter den Nagel gerissen haben könnte, können wir nicht mit Sicherheit sagen. Wir wollen auch keine Vermutung anstellen, denn wir haben uns mit den Fahrern prächtig verstanden, aber außer im Lkw war die Tasche nie unbeaufsichtigt. Das ist aber ohnehin nicht der Punkt. Dass zwischen den vielen tollen Erlebnissen mit herzensguten Menschen auch so etwas passieren kann, ist traurig, gehört aber dazu. Kirgisistan bleibt uns in Erinnerung als das Land der schneebedeckten Gipfel, des Stutenmilchkäses, der bestickten Fellhüte, das Land der gastfreundlichen Menschen, der Schafe, der Jurten, das Land, in dem wir unseren ersten Ausflug zu Pferde wagen und in dem wir uns an Miras Schafsuppe übergessen haben. Und nicht als das Land, in dem wir beklaut worden sind.

Die meisten von Robertos Fotos aus Kirgisistan verschwinden auf Nimmerwiedersehen. Mit einer neuen Kamera fotografiert er im Osten des Landes.

Der Bundesstaat Kedah ist auch als »Reisschüssel Malaysias« bekannt.

Süd- und Ostasien

Eine Chihuahua-Mischlingshündin auf dem Viehmarkt

Tag 432, Kilometer 7880, Kashgar, Autonomes Gebiet Xinjiang, China

POSITIV Es gibt endlich wieder anderes Gemüse als nur weiße Rüben und Zwiebeln; außerdem die faszinierende Altstadt, das Großstadtgewusel und die portablen Öfen, in denen Süßkartoffeln geröstet werden **NEGATIV** Smog und unübersichtlicher Verkehr **GELERNT** Nicht nur der Homo sapiens kann treuer Reisepartner sein

Westchina ist so völlig anders, als wir uns China vorgestellt haben. Süßsaures Hühnchen ist nicht in Sicht, ebenso wenig taoistische Tempel und Bambuswälder. Stattdessen bleiben wir bei Çay und Hammelfleisch, Moscheen und karger Wüstenlandschaft. Hier allerdings auch mit pakistanischen Einflüssen.

Ein Großteil der Einwohner Xinjiangs sind Uiguren. Sie sprechen eine Turksprache, beten zu Allah und essen viel Hammelfleisch. Die Männer tragen kirgisische Fellhüte, kuschlige russische Mützen oder usbekische bunte Kappen mit goldenen Stickereien, während die Frauen bunte, warme Kopftücher umbinden. Viel Kontakt zu den Menschen haben wir nicht, da wir die Pausen auf ein Minimum beschränken, denn es ist bitterkalt. Wir radeln eineinhalb Tage durch die eher öden Landschaften der Ausläufer der Taklamakan-Wüste, vorbei an Lehmhäusern und winzigen Dörfern. Gebäude, Straße, Landschaft, alles wirkt beige-braun-kupferfarben und staubig.

Als wir uns Kashgar nähern, wird der Verkehr dichter. Wir überholen unzählige Elektroroller, einzelne Eselskarren, einige Fahrräder und werden unsererseits von Elektrorikschas überholt. Überall um uns herum hupt es. Unsere Fahrradklingeln gehen unter. In einer Traube von 25 aneinandergequetschten Rollerfahrern und ein paar Radlern folgen wir dem Stadtbus in der Fahrradspur. Der Unterschied zu den letzten paar Tagen könnte größer nicht sein.

Die kleine Altstadtt, die aus Lehmbauten und einer großen Moschee besteht, ist wunderschön. Kashgar gilt als kulturhistorisch bedeutendste islamische Stadt Zentralasiens. Da es so kalt ist, brennen

Der Markt ist riesig, doch viele Besucher kennen einander. Transportmopeds sind bei den Marktbesuchern besonders beliebt.

WC
电动

rund um die Uhr die Kohleöfen. Die Luft ist dementsprechend gelb bis braun, und Roberto bekommt einen Hustenanfall nach dem anderen.

Wir übernachten in einem Hostel, in dem wir unter anderem Reiseradler Lee kennenlernen, der im Osten Chinas losgeradelt ist, mit dem Ziel, im Uhrzeigersinn immer an der Landesgrenze entlangzufahren. In Tibet hat er seine zukünftige Reisepartnerin auf der Straße getroffen. Sie war eine abgemagerte und verzottelte Straßenhündin mit eher geringem Durchsetzungsvermögen den anderen Hunden gegenüber. Er streichelte sie und sprach ein wenig mit ihr, und sie ließ ihn einfach nicht mehr allein. Er nannte sie Hualing. Als die Reise für Lee weitergehen sollte, setzte er sie probeweise auf seine Taschen auf dem Gepäckträger. Fast zwei Monate später, als wir Lee kennenlernen, sind sie schon ein perfekt eingespieltes Team, und Hualings Fell glänzt wie frisch gewaschen. Sie sitzt einfach da, balanciert die Fahrt aus und hält die Nase in den Wind. Sie trotzt Hitze, Kälte, Wind, Erschütterungen und hält einfach alles aus. Für sie ist nur eines wichtig: dass sie bei ihrem Lee bleiben kann. So kommt es auch, dass Hualing kurz darauf als wohl einzige Chihuahua-Mischlingshündin auf dem Viehmarkt vor den Toren der Stadt herumgeistert, während Lee, Roberto und ich uns das Geschehen genauer ansehen. Hier treffen sich jeden Sonntag die Farmer der Region.

Es riecht nach Dung, Haaren und Staub. Die Esel schreien, zwei Kamele treten einander, und ein kleiner Junge sucht nach seinem Vater. Der Markt ist klar männlich dominiert, die wenigen Frauen verkaufen die nicht-lebendige Ware: Halfter, Leinen, Glocken, Trensen, Steigbügel, aber auch warme Speisen. Der eisige Wind ist inmitten der vielen Tiere gleich viel besser auszuhalten. Zwischen blökenden Schafen feilschen zwei Männer mit Fellmütze um den Preis von ein paar Tieren. Der Kauf wird per Handschlag besiegelt, und schon packt der glückliche Käufer sein neues Gut und scheucht es durch die Besuchermassen in die Richtung seines Transportmopeds. Eine Ecke weiter schieben vier Männer eine Horde Kühe auf die Transportfläche eines Lkws. Eine Kuh muht vor Schreck laut auf, und bevor sie sich versieht, steht sie auch schon mit weiteren 15 Artgenossen auf der Ladefläche. Ein bisschen weiter in der Pferdesektion halten zwei Jugendliche ein junges Pony fest, während sich der dritte zum Probereiten auf dessen Rücken schwingt. Im flotten Galopp geht es zwi-

Dem Pferd wird der Trubel zu viel (oben). Ein Junge gibt auf die Kamele acht, während sein Vater einen Verkauf abwickelt (unten).

schen den Transportern hindurch bis ans andere Ende des Marktes. Das Pony reißt den Kopf in die Höhe und springt zur Seite, aber der Reiter zuckt nicht mit der Wimper. Die Luft ist staubig vom Hufgetrampel. Zimperlich ist hier keiner, die Tiere stehen eng gedrängt, werden ruppig behandelt, und am Abend geht es für sie entweder zurück nach Hause oder auf einen neuen Hof.

Wir tätscheln ein paar besonders wuschelige Yaks, und Lee kommt mit dem Verkäufer ins Gespräch, der auch Mandarin spricht. »Die männlichen Tiere verkauft er für 3000 Yuan!«, erzählt er uns hinterher. Das entspricht knapp 400 Euro. Nicht dass wir wirklich ein Yak kaufen wollten. Wir spazieren weiter und sehen uns die Ochsen (etwa 523 €) und Esel an (400 € für einen Hengst), blicken ehrfürchtig zu einem riesigen Kamel auf (umgerechnet etwa 1568 €) und streicheln junge Pferde (1300 €) und Dickschwanzschafe (grob 183 €). Ich habe etwas Sorge, dass Hualing unter die Hufen geraten könnte, doch sie ist geschickter und schneller als sie mit ihrem leicht trotteligen Blick aussieht. Am anderen Ende des Marktes gibt es die Tiere in handlicheren Portionen und zum kleineren Preis. Eine Suppe mit frisch gezogenen Nudeln und Hammelfleisch kostet dort nur fünf Yuan (0,65 €). Als Omnivore mit viel Hunger setze ich mich an einen der langen Tische neben zwei dick eingepackten Männern, die sich laut schmatzend unterhalten, und esse einen Teller Suppe. Etwas makaber kommt es mir vor, dass hinter mir die Schafe blöken, vor mir die Messer der Köche erklingen und in meinem Teller Fleisch schwimmt. Doch die Suppe ist sagenhaft gut, und ich bezweifle, dass ich je frischeres Fleisch gegessen habe. Roberto sieht stattdessen den Köchen beim Ziehen der Lagman genannten Nudeln zu. Auch Lee bleibt mit Hualing etwas abseits. Eine Leine hat er nicht. Hier im Getümmel ist es ratsam, dass sie sich nie weit von Lee entfernt.

Wochen später mailen wir mit Lee, der uns erzählt, dass er die winterliche Reise durch den hohen Norden des Landes mit einem Lkw abgekürzt hat. Und das, nachdem er mehr als drei Viertel der Strecke bereits hinter sich hatte. Lee war ziemlich hart im Nehmen, und auch wenn er sich durch hoch verschneite Straßen kämpfen musste und die Temperaturen bis auf –20 °C runtergingen, bin ich mir sicher, dass er in erster Linie Hualing zuliebe sein Fahrrad auf einen Lkw verfrachtet hat, denn ihr ist immer schnell kalt. Seine Hualing gibt ihm die Nähe, Freundschaft und Liebe, die er als Soloradler braucht, und er gibt im Gegenzug acht, dass es ihr gut geht. Und wenn das bedeutet, dass er kurz vor dem Ziel aufgeben muss, dann ist sie ihm das wert.

Die haarigen Wächter der Zehntausend Stufen

Tag 475, Kilometer 8066, Mount Emei Shan, Sichuan-Provinz, China

POSITIV Schnee, Einsamkeit, ruhige Klöster und Tempel, die wir fast für uns allein haben **NEGATIV** Eisglatte Stufen und steif gefrorene Shirts **GELERNT** Auch niedliche Äffchen können es faustdick hinter den Ohren haben

Am Nachmittag verwandelt sich der Nieselregen in Schnee. Die grüne Wildnis um uns herum färbt sich weiß, und eine dicke Schneeflocke landet in meinem Nacken. Für einen Moment genieße ich die Erfrischung, dann ziehe ich die Kapuze über meinen Schal. Noch 20 Treppenstufen bis zur Kurve, noch 15, fast ist es geschafft. Bloß nicht auf den eingeschneiten Stufen ausrutschen. Es ist totenstill, nur der Schnee knirscht unter unseren Schuhsohlen. Am nächsten Pavillon wollen wir eine Pause einlegen, weit kann es nicht mehr sein. Endlich ist die Kurve erreicht. Ich bleibe stehen, atme und wage einen Blick um die Kurve herum. So weit ich meinen Kopf auch nach oben recke, ein Ende der Treppenstufen ist nicht in Sicht. Ich trinke einen Schluck kühles Affenwasser, greife meinen Bambuswanderstock und nehme die nächsten Stufen in Angriff.

Der Emei Shan ist einer der vier heiligsten buddhistischen Berge Chinas. Viele Klöster und Tempel befinden sich auf ihm, und der Weg hinauf führt über endlose Treppenstufen. Doch der Wanderweg ist nicht der einzige Zugang zum Gipfel. Neben uns besuchen nämlich täglich Busladungen von Besuchern den 3070 Meter hohen Gipfel. Die meisten fahren mit dem Bus bis kurz vor den Gipfel, laufen ein paar Meter und den Rest erledigt eine Seilbahn. Am Fuße des Berges wissen wir davon allerdings noch nichts. Hier sind wir ziemlich allein.

Tief unten im Tal auf etwa 500 Höhenmetern geht am ersten Weihnachtsfeiertag die Wanderung los. Ausgestattet mit einem großen Rucksack mit etwas Proviant, warmen Daunenschlafsäcken und trockener Wechselkleidung sowie Steigeisen und Bambuswanderstäben kommen wir uns anfangs ein wenig albern in der Montur vor, aber schon bald treffen wir kaum noch andere Menschen.

Gleich hinter dem ersten Tempel umringen uns riesige Farne, Lianen und Bambuswäldchen. Der dichte Wald ist sattgrün. Es regnet ununterbrochen. Das macht uns aber gar nichts aus. Ich pfeife Weihnachtslieder vor mich hin, als die erste lange Treppe in Sicht kommt. Das obere Ende kann ich nicht ausmachen. Wir keuchen hinauf. Oben angekommen, geht es um die Kurve, und dahinter erwartet uns eine ebenso lange Treppe. So ergeht es uns drei Tage lang. Treppauf, treppab.

Am frühen Nachmittag nieselt es nur noch leicht. Wir machen einen kleinen Umweg zurück auf 720 Höhenmeter und erreichen dann das erste Affengebiet. »Räumt eure Jacken und Hosentaschen aus und verpackt alles unter der Regenjacke«, warnt uns eine Wanderin. Ohne den Blickkontakt abzubrechen, rückt sie dichter an Roberto heran, bis ihre Nasenspitzen sich fast berühren und starrt ihn verschwörerisch an. »Monkey will see it!«, flüstert sie und wirft auch mir einen warnenden Blick zu. Dann verschwindet sie in die andere Richtung. Wir folgen ihrem Rat.

Die wilden Affen des Emei Shan sind bekannt dafür, von Touristen verzogen worden zu sein. Wer nicht freiwillig etwas zu knabbern herausrückt, der wird gründlich nach Essbarem untersucht, haben wir gehört. Bald sehen wir auch die ersten Affen. Es sind wunderschöne Geschöpfe, elegant und mit ihrem Winterfell flauschig zugleich. Ich hole die Kamera heraus, um ein Weibchen zu fotografieren, das uns ebenfalls mustert und daraufhin schnurstracks auf Roberto zugeht, der gerade den Rucksack trägt. Sie hat keinerlei Berührungsängste, krallt sich an ihm und dem Rucksack fest und fletscht die Zähne, während ein weiterer Affe daneben hockt und zusieht. Eben sahen sie doch noch so süß und weich und lieb aus! Jetzt, Auge in Auge, kommen uns die kleinen Tibetmakaken riesig vor. Roberto dreht sich panisch mit dem Wanderstock umherschlagend um die eigene Achse, und ich renne um ihn herum, mache »kschschsch!« und versuche zunächst zaghaft, dann energischer, die Angreiferin mit meinem Wanderstock zu vertreiben. Die niedlichen Zähne flößen mir aus nächster Nähe nun doch einen Heidenrespekt ein. Erst als sie unsere (einzige) halb volle Wasserflasche ergattert, lässt die Äffin uns in Frieden und rennt mit ihr von dannen.

Wir sind plötzlich gar nicht mehr außer Atem und nehmen gleich zwei Treppenstufen auf einmal. Bloß schnell weg. Die Äffin schraubt den Deckel ab, probiert kurz und wirft die Flasche dann enttäuscht beiseite. Kein Zucker drin. Wir warten, bis sie im Dickicht verschwunden ist, dann renne ich nach kurzem Hadern zurück, um unsere einzige Wasserflasche wieder einzusammeln.

Wir machen nur kurze Pausen, denn sonst würden wir in der nass geschwitzten Kleidung frieren. Der Blick auf die Nebelschwaden tiefer im Tal ist wunderschön. Jede Stunde treffen wir etwa einen anderen Wanderer, nach 16 Uhr ist außer uns niemand mehr unterwegs. Lang ist es nicht mehr hin bis zum Sonnenuntergang, dennoch beschließen wir, noch bis zum nächsten Tempel aufzusteigen. Der Schnee reflektiert das wenige Licht gut, sodass wir unsere Taschenlampen nicht nutzen müssen. Drei Stunden später erreichen wir den 1752 Meter hohen Xianfeng-Tempel und beziehen ein Zimmerchen. Es gibt weder Heizung noch fließendes Wasser. Wie üblich in China, bekommen wir aber eine Thermoskanne voll aufgekochtem Schnee, mit dem ich auch die Affenwasserflasche notdürftig vom Affensabber reinige. Es ist der 25. Dezember. Statt eines großen Weihnachtsschmauses gibt es Vollkornbrot mit Honig, heißen Schnee und eine Bockwurst für jeden. Diese Köstlichkeiten haben wir uns lange aufgespart. Völlig kaputt vom harten Anstieg der letzten drei Stunden kuscheln wir uns schon um 8 Uhr abends in die Schlafsäcke und schlafen volle zwölf Stunden durch.

Am nächsten Morgen sind unsere Wanderklamotten steif gefroren, die Temperatur im Tempel liegt auf dem Gefrierpunkt. Wir ziehen unsere Kleider notgedrungen dennoch an und starten den Tag im Sauseschritt. Nachdem wir die Kleidung warmgelaufen haben, sind wir bester Laune. Das Winterparadies ist von solch einzigartiger Schönheit: steif gefrorene Farne, weiß überdeckte Bambuswäldchen und Nebelschwaden, wohin man auch blickt. Die Tempel sehen noch viel mystischer aus, und ein Eichhörnchen verliert seine Scheu und klettert auf Robertos Schuhspitze.

Der Eingang zu einem Klosterhof, den wir überqueren müssen, ist von Affen besetzt. Der Anblick ist wunderschön, doch wir trauen uns erst nach langem Hin und Her durch den Hof. Die Gruppe zeigt allerdings keinerlei Interesse an uns. Wir sind aus dem touristischen Affengebiet heraus und an einer eher selten bewanderten Route angekommen. Hier gehen Menschen und Affen sich einfach aus dem Weg und beobachten einander nur aus sicherer Entfernung.

Bald sind wir nicht mehr die einzigen Wanderer weit und breit. Wir haben es in die Nähe der obersten Busstation geschafft! Die Wege sind stark frequentiert und so vereist, dass wir zum ersten Mal die Steigeisen anziehen. Tagesausflügler in Pumps mit XXL-Leihmänteln und Affenfutter kommen uns entgegen. An mehreren Ständen stehen die Leute Schlange, um zu absoluten Wucherpreisen Red Bull, Süßkram und eingeschweißte Fleischscheiben zu kaufen. Die verzogenen Affen futtern Bonbons, Marshmallows und andere Süßigkeiten. In den Büschen hängen Plastikverpackung und Getränkedosen.

Das niedliche Äffchen kann auch ganz anders (oben). Bei neblig-feuchtem Klima geht die Wanderung los (Mitte). Einer der verlassenen Pavillons (unten).

Am Gipfel haben wir einen unvergesslichen Blick übers Wolkenmeer.
Wir feiern einfach den »dritten Weihnachtstag«.

Wir schlafen in einem simplen Gästehaus eine gute Stunde vor dem Gipfel. Im Zimmer sinkt das Thermometer auf –2 °C. Ein Bett kostet 60 Yuan pro Nase – selbst für Bergpreise ist das viel. Nicht einmal Klopapier ist im Preis inbegriffen (3 Yuan für ein Paket Taschentücher!), aber dafür gibt es altes heißes Wasser für lau und dazu sogar einen Zimmerschlüssel. Wir teilen uns die letzte Instantsuppe mit einer Bockwurst. Die letzte wollten wir uns für den Gipfel sparen.

Im Morgengrauen durchbricht eine Stimme die gespenstige Stille. Ein Mann reißt alle drei Zimmertüren auf, scheucht alle Gäste aus den Federn, schiebt enthusiastisch unsere Vorhänge beiseite und zeigt nach draußen. Ich kratze verschlafen die Eisschicht von der Fensterscheibe und bin schlagartig hellwach. Der Nebel ist verschwunden! Nichts wie raus – wir müssen auf den Gipfel!

Wir hasten noch eine Stunde lang Stufen hinauf, dann erreichen wir das Plateau. Hinter uns streckt sich die Samantabhadra-Statue in die Höhe, eine 42 Meter hohe goldversetzte Statue mit vielen zuversichtlichen Gesichtern, die Samantabhadra, einen der acht buddhistischen Großen Bodhisattvas darstellt. Neben uns liegt der Jinding-Si-Tempel mit seinen geschwungenen Dächern und vor uns der Abhang mit einer Wolkendecke wie aus dem Flugzeugfenster, die gerade von der Morgensonne durchbrochen wird.

Am Horizont ragen andere Gipfel aus den Wolken, auf ihnen liegen weitere Tempel und Klöster. In den letzten Tagen war der Gipfel immer in Nebel gehüllt. Wir halten einander fest, lassen ergriffen ein paar Tränchen freien Lauf und genießen unseren Triumph über die doch nicht unendlichen Treppenstufen.

Es ist für uns beide das erste weiße Weihnachtsfest seit Langem und ein völlig anderes und sehr intensives Erlebnis ohne Weihnachtsbaum, Festschmaus, Wein und Weihnachtsmusik.

Chinesische Hochzeitstorte

Tag 481, Kilometer 8285, Sichuan-Provinz, China

POSITIV Bambuswälder, chinesisches Essen und Pandas
NEGATIV Kein Platz zum Wildzelten: Alles ist bebaut oder bepflanzt und privat – und Frostbeulen an den Fingern
GELERNT Kreative Kommunikation ist möglich

Wie schon im Iran mangelt es auch in China nicht an guten einheimischen Karten, aber man muss sich für eine Schrift entscheiden. Will man lieber die Schilder lesen oder die Orte aussprechen können?

Zum Glück schleppen wir seit Griechenland Schwarz-weiß-Kopien von zweisprachigen Straßenkarten Chinas herum, die wir nun endlich aus den Tiefen der Packtaschen heraufbefördern. Trotzdem ist der Weg durch China nicht immer ganz einfach. Auf den größeren Straßen sind die meisten Schilder auch in Pinyin geschrieben, das ist Chinesisch, aber in lateinischen Buchstaben. Doch auf dem ländlicheren Weg durchs südliche Sichuan, zwischen Emei Shan und Yibin, steht plötzlich alles nur noch in Han-Schrift da. Yibin besteht aus zwei Zeichen: einem, das aussieht wie eine ordentlich aufgestapelte Hochzeitstorte mit einer einzelnen Kerze obendrauf (Yi), und einem, das aussieht, als wäre besagte Torte in sich zusammengefallen (Bin). In etwa so: 宜宾. Wir folgen also der geheimnisvollen Route der kaputten Hochzeitstorte und fühlten uns fortan in den Nebenstraßen des ländlichen Chinas wie zwei Kinder auf Schnitzeljagd.

Manchmal kommt viele Kilometer und mehrere Kreuzungen lang kein Schild. Dann werden wir unsicher und halten lieber an, um nach dem Weg zu fragen. »Yíbīn« stand neben den beiden Hochzeitstorten in unserer Karte. Das bedeutet, dass die erste Silbe ausgesprochen wird wie eine Frage und die zweite im gleichbleibend hohen Ton. Wir halten also bei einem Eckladen an, und ich frage unsicher: »Yíbīn tschíen bīen?« Wer Mandarin spricht, wird sich jetzt vermutlich fragen, was das soll, denn diese Worte gibt es nicht. Sie sind eine improvisierte Transkription. Vor gut einem Monat an der Grenze zwischen Kirgisistan und China haben wir ein paar Stunden in der Kälte totschlagen müssen, bis die Mittagspause auf der chinesischen Seite der Grenze beendet war. Wir saßen mit unseren Freunden Mark und Chrissie neben einem Lkw im Windschatten und übten die Aussprache. Danke, wie viel, Deutschland, Mexiko, Zelt, ich spreche kein Chinesisch, Nacht, woher, wohin, Gasthaus, Reis, Fahrrad, heiß, kalt und noch einige mehr. Ich habe alles so mitgeschrieben, wie ich es gehört habe. Vermutlich samt dem australischen Akzent. Die Wörtchen »tschíen bīen« sind also eine selbst entworfene Lautsprache und stehen in meinem Notizbuch neben »geradeaus«.

Mein Gegenüber guckt verdattert. Ich versuche es noch einmal nur mit »Yí Bīn«. Diesmal in zwei klar getrennten Silben. Nach ein paar weiteren erfolglosen Versuchen hole ich die Karte raus und deute auf die beiden Hochzeitstorten. »Aaaaah, Yíbīn!«, sagt er und lächelt erleichtert. Den Leuten ist es immer unangenehm, wenn sie uns nicht verstehen. Es klingt für mich exakt so, wie ich es auch gesagt habe. Er deutet auf die Kreuzung und nach links. Ich nehme es gleich vorweg, wir kommen tags darauf tatsächlich ohne größere Schlenker in Yibin an, einer für chinesische Verhältnisse eher kleinen Stadt mit nur etwa einer Million Einwohnern. Die Luft ist grau, aber das Städtchen sehr sympathisch. Wir bleiben eine ganze Woche, da wir unser Visum erneuern und Robertos Weisheitszahn Ärger macht. Wir hängen das klitschnasse Zelt in unserem billigen winzigen Zimmerchen ohne Fenster auf und verbringen so wenig Zeit dort wie möglich. Gut, dass es draußen viel zu tun und zu sehen gibt. Die chinesische Küche ist unglaublich facettenreich, und wir essen jeden Tag etwas anderes, probieren uns blind durch alles, was lecker aussieht und sind jedes Mal aufs Neue begeistert. Der Grund, warum Roberto in China den Umgang mit Essstäbchen so schnell lernt, ist, dass wir uns für gewöhnlich eine große Portion teilen und er sonst ganz einfach nicht satt würde.

So ein Zahnarztbesuch in China ist übrigens ein Abenteuer für sich. Durch ein großes Schaufenster kann man von der Straße aus in den Behandlungsraum gucken. In den drei Behandlungsstühlen sitzen Patienten und auf Klappsitzen an der Wand die Wartenden. Im hinteren Teil des kleinen Raumes steht ein Tisch mit Papieren, und an den Wänden hängen Vitrinen mit Gebissabdrücken. Ein paar Kinder schauen Roberto während der Behandlung ungeniert in den Rachen und kichern. Die Ärztin macht eine großartige Arbeit, und drei Besuche kosten zusammen umgerechnet zwölf Euro.

Mit einer Sorge weniger ziehen wir also aus unserem feucht müffelnden Zimmerchen aus und steigen wieder auf die Räder. Bald lassen wir Sichuan hinter uns und radeln durch Yunnan. Und mit jedem Kilometer entfliehen wir dem harschen Winter ein bisschen mehr.

Besonders mit Kindern und Jugendlichen kommen wir schnell ins Gespräch, denn sie sind oft kreativer (oben). Landwirtschaft in Sichuan (unten).

BQJYRD
CANYON

Vom Fußende, von gerösteten Pommes und vom Shampoo Chin

Tag 498, Kilometer 8926, Sichuan-Provinz und Yunnan-Provinz, China

POSITIV Das abwechslungsreiche Essen: Jeden Tag gibt es etwas anderes Leckeres **NEGATIV** Ohne Licht durch einen stockfinsteren Tunnel fahren **GELERNT** Ein klitzekleiner Punkt auf einem Schild kann eine 81 Kilometer lange Abfahrt in schlappe 8,1 Kilometer verwandeln

Den Weg durch den Süden Chinas als abwechslungsreich zu beschreiben wäre eine maßlose Untertreibung. Wir überholen Lkws auf einer 20 Kilometer langen Bergab-Strecke, nagen an gelben zäh-wabbelig-knöchrigen Hühnerfüßen herum, lassen uns zigmal von und mit Fremden fotografieren, halten fremde Babys und radeln unter einem Wasserfall hindurch, der direkt aufs Kopfsteinpflaster prasselt und von ein paar Autofahrern als Waschanlage genutzt wird. Immer wieder verbrennen wir uns die Münder am scharfen Szechuanpfeffer, sehen einen Motorradfahrer im Liegen auf seinem Bike einen Mittagsschlaf halten und verpassen um wenige Kilometer einen Erdrutsch, um den wir am nächsten Morgen unser Hab und Gut herumtragen müssen. Wir probieren Stinketofu, arbeiten einen Tag lang als Model und Fotograf für ein Firmenevent mit Autos und Weinen, und ich kuriere eine Frostbeule aus. Wir radeln durch einen Tunnel voller tiefer Schlaglöcher, in dem es so stockfinster ist, dass wir die Hand vor Augen nicht sehen können und beinahe wortwörtlich unsere Karren gegen die Wand fahren. Kurz: Langweilig wird es nie. Was uns zwischen all den bizarren Tagen dennoch besonders in Erinnerung bleibt, sind die Nächte. Manche verbringen wir im Zelt, andere in Hotels und Gasthäusern, und immer wieder werden wir auch in Privathäuser eingeladen.

Anfangs ist es schwierig, ein freies Plätzchen zum Zelten zu finden, denn jedes kleine Stückchen Land ist bebaut oder bewirtschaftet. Wir radeln durch Bambuswälder, an leeren terrassenförmigen Reisfeldern vorbei und durch Kohl-, Salat- und Zuckerrohrfelder. Die Straße wird schmaler, und der Verkehr lässt fast vollständig nach.

Die quirlige Chen Lu (links) und ihre Geschwister tanzen später am Abend noch mit und für uns und ihre Familie.

Durch kleine und noch kleinere Dörfer radeln wir an erstaunten Erwachsenen und winkenden Kindern vorbei. Eines Abends erreichen wir ein Bauernhaus mit einem brachliegenden Feld daneben. Na endlich! Wir wollen um Erlaubnis bitten, dort das Zelt aufzustellen. Als der Bauer uns sieht, fällt ihm vor Verwunderung ein Stück Zuckerrohr aus dem Mund. Wir erklären mithilfe des »OhneWörterBuches« (Langenscheidt Verlag) und mit selbst gekrakelten chinesischen Schriftzeichen von »Zelt« »eine Nacht« und »Ich spreche kein Chinesisch« unser Vorhaben. Bald ist auch die Bäuerin eingetroffen. Die beiden verstehen nur Bahnhof und rufen die Englischlehrerin ihres Enkels an, die für uns übersetzt. Wir sollen mitkommen, das Bauernpaar lädt uns spontan in ihr Haus ein.

Ein paar Nachbarn kommen ebenfalls zum Abendessen vorbei, wir haben die Schüssel gerade halb leer gefuttert, als ein weiterer Nachbar hereinstürmt. Er wirkt aufgedreht, plappert ununterbrochen und grinst uns immer wieder an. Ehe wir uns versehen, hat er uns die Stäbchen aus der Hand gerissen und Roberto ganz aufgeregt an der Schulter gepackt. »Kommt«, deutet er uns an. Wir blicken zu unseren Gastgebern, der Bauer, dessen Namen wir bis zum Schluss nicht verstehen, hat schon seine Handschuhe in der Hand. Mit dem nervösen Nachbarn fahren wir einen Kilometer weiter in eine Art Schule, wo er alle, die ein paar Brocken Englisch sprechen, nötigt, mit uns zu sprechen. Ein weiteres Mal wird zu Abend gegessen, und als wir fertig sind, platze ich fast. Unser Bauer fährt uns auf seinem Motorroller zurück. Im Haus ist es nicht wärmer als draußen, und wir freuen uns sehr über einen Eimer heißes Wasser zum Waschen. Schon um 21 Uhr hat die Bäuerin mich in ihr Bett gesteckt und sich dann selbst dazu gelegt, eine jede die Füße zum Gesicht der anderen hin gewandt. Es dauert nicht lange, da werden die Atemzüge am Fußende gleichmäßiger. Auch ich schlafe schneller ein als erwartet. Roberto bekommt das Bett des Bauern, und dieser schläft auf der Couch. Diese fremden Leute haben uns einfach mal in ihre eigenen Betten eingeladen! Als wir um 7 Uhr morgens wieder auf die Räder steigen, klirren daheim gerade die Sektgläser. Es ist der erste Januar.

Auf Nebenstraßen lassen wir Sichuan hinter uns und radeln nun durch Yunnan. Bei nebligen Temperaturen um den Gefrierpunkt wird es bergiger, sonst ändert sich die Landschaft nur langsam.

Wir genießen die Fahrt durchs ländliche China. Nach dem höchsten Pass unserer Strecke lassen wir Wasserfälle, Bambus und Schneewehen hinter uns und radeln durch Felder voller Mais, Spinat, Kohl und Salat sowie Mandarinenplantagen und Mischwäldchen. Eines

Irgendwo hinter einem Loch im Autobahnzaun dürfen wir zwischen ein paar Bauernhäusern das Zelt aufstellen (oben). Wir rufen »Ni Hao!« (unten).

Hügelige chinesische Landschaft (oben). Vor allem der kleine Spirituskocher ist hochinteressant für die Kinder des Dorfs (unten).

Morgens fragen wir einen Polizisten nach dem alten Highway, der hier in etwa parallel zur Autobahn verlaufen müsste. Er deutet zu dieser. »Aber wir haben doch Fahrräder!« Der Polizist deutet nun energischer. »Aber wir suchen doch diese Straße hier …«, ich will die Karte rauskramen, doch der Polizist will nichts hören und schickt uns nochmals auf die Autobahn, diesmal sehr deutlich. Immerhin dürfen wir die Räder umsonst an der Mautstation vorbeischieben.

Wir verbringen die nächsten Tage auf dem Standstreifen, zwischen Lkws und Autos zu unserer Linken und Leitplanke und Maschendrahtzaun zu unserer Rechten. Nur an den offiziellen Ausfahrten können wir rein und raus. Dadurch verpassen wir viele kleine Wege, Dörfer und Abenteuer, ersparen uns dank Brücken und Tunneln jedoch so manchen Anstieg und gewinnen dadurch kostbare Zeit. Nach unserer zweiten und letzten möglichen Visaverlängerung haben wir nun weniger als einen Monat Zeit übrig.

Als es Abend wird, suchen wir den Zaun nach Lücken ab, und es dauert nicht lange, da finden wir eine, durch die wir samt Fahrrädern passen. Eine Frau mit einem Baby auf dem Rücken erlaubt uns, das Zelt auf ihrem abgemähten Maisfeld aufzuschlagen. Es dauert keine drei Minuten, bis alle etwa 20 Einwohner des Dorfes sich um uns herum versammelt haben.

Die Kinder fragen uns Löcher in den Bauch, die Jugendlichen tuscheln, und die Erwachsenen beobachten unser Treiben. Als das Zelt steht, lade ich die Kleinen ein – im Nullkommanichts toben alle Einwohner unter zwölf Jahren durch unser Innenzelt.

Jetzt kommen auch die Erwachsenen auf uns zu. Eine Nachbarin bringt einen tragbaren Kohleofen, und bald stehen jede Menge Kinder wie Erwachsene auf dem Stoppelfeld, gucken unsere Fotos von zu Hause an, hören geduldig zu, wie wir vergeblich versuchen, uns zu unterhalten und begutachten unsere Ausrüstung. Wir haben vom Frühstück noch Kartoffelecken über, die wir den Kindern anbieten. Im nächsten Moment rennen sie in alle Himmelsrichtungen davon. Wir erschrecken, wissen nicht, was wir falsch gemacht haben, da kommen die ersten Kinder mit Stöckchen in den Händen wieder. Wie fast alles Essbare in China müssen natürlich auch die »Wedges« schön warm verspeist werden, also haben die Kinder Stöckchen gesucht, um die Pommes einzeln auf Spieße zu pieksen und sie überm Feuer anzubraten. Ein Mädchen übt mit uns die Zahlen von 1 bis 10 auf Chinesisch, und wir sagen den anderen Kindern die Zahlen auf Englisch, Spanisch und Deutsch vor. Nach und nach verschwinden alle in ihre Häuser, und auch wir ziehen den Reißverschluss unserer Zelttür hinter uns zu. Die Nacht ist sternenklar, und von der benachbarten Autobahn hören wir gar nichts. Im Schlafsack ist es kuschelig warm, und zwischen dem Grunzen der Schweine und dem Schnauben der Ponys im benachbarten Stall schlummern auch wir schnell ein.

Auch am übernächsten Abend steigen wir wieder durch ein Loch im Zaun und kommen kurz vor Xundian bei einer netten Großfamilie heraus, die in einem neuen Steinhaus wohnt. Das alte Lehmhaus wird noch als Küche und Esszimmer genutzt. Dort werden wir auch gleich hinein gebeten. Das Zelt sollen wir gar nicht erst auspacken, die Räder einfach bepackt stehen lassen. Erst mal sollen wir zum Abendessen reinkommen. Es gibt sieben verschiedene Gerichte, von denen wir nicht genug kriegen können und dazu grünen, vermutlich selbst gebrannten Schnaps, der aus einem Benzinkanister ausgeschenkt wird. Er schmeckt nicht so stark wie befürchtet, und es trinkt auch niemand viel. Ich nehme es vorweg: Wir werden auch nicht blind davon. Die vier Kinder kriegen nicht genug davon, fotografiert zu werden. Die alten Männer sehen neugierig herüber, lassen sich aber nichts anmerken, und zwei Frauen fragen uns genau aus. Wer wir sind, was wir machen, wo unsere Kinder sind, wohin wir wollen und warum überhaupt? Die größte Tochter Chen Lu will uns bei der Verständigung helfen. Sie lernt in der Schule Pinyin, die lateinische Schreibweise chinesischer Worte, und ist etwas enttäuscht, als ich ihr erkläre, dass wir Chinesisch nicht verstehen, weder geschrieben noch gesprochen. Doch irgendwie geht es, und wir sind überrascht, wie gut die Kommunikation läuft. Die älteste Frau, die für die jüngsten Anwesenden die Uroma ist, fordert mich zum Tanzen auf. Zu einem Popsong, dessen Refrain wie »Shampoo Shin« klingt, tanzen wir wild durch den Raum. Chen Lu und ihre kleine Schwester tanzen auch, und das Lied wird immer wieder von vorn angemacht. Ihre Mutter Lian hat mit den beiden eine westliche Choreografie zu diesem Lied einstudiert. Auch das zweijährige Brüderchen tanzt mit. Roberto lässt sich von der Uroma erklären, wer wie mit wem verwandt ist, ich füttere den Kleinsten mit Erdnüssen und zeige den beiden Mädchen, die sich selbst vorher nie beim Tanzen gesehen haben, meine Aufnahmen.

Nach dem Essen gibt es Tee und Sonnenblumenkerne: Ich flechte die Haare der Mädchen, und um 23 Uhr schlafen Roberto und ich fast auf dem Sofa ein. Lian nimmt uns mit ins hintere Zimmer, in dem der Ruß die Decke schwarz gefärbt hat. Hier steht der Ofen, und es hängt Fleisch zum Trocknen unter der Decke. Das Feuer prasselt, und Lian bereitet uns allen einen Eimer warmen Wassers zum Füßewaschen vor. Zum Schlafen wechseln wir ins Steinhaus. Der Boden dort ist gefliest, es gibt Türen und einen Fernseher. Die Großfamilie schläft in wenigen Schlafzimmern verteilt. Roberto bekommt sein eigenes Bett in einem kleineren Raum mit den anderen Männern. Ich schlafe mit den Frauen und Kindern im größten Zimmer. Dort teile ich das Bett mit einer weiteren Frau, Lians Schwägerin, wenn ich die Uroma richtig verstanden habe. Ich will es mir gerade am Fußende bequem machen, wie ich es in Sichuan gelernt habe, da werde ich aufgeklärt, dass hier alle mit dem Kopf in die gleiche Richtung schlafen. Wieder nicht richtig. Bald wird das Licht gelöscht. Der Kleine wird zwischendurch gestillt, jemand zieht viermal lautstark Rotz hoch und spuckt ihn aus, die zwei Mädchen flüstern noch einige Minuten, dann ist es still. Ich fühle mich geborgen inmitten dieser bis vor Stunden noch völlig fremden Menschen. Es ist für alle Familienmitglieder eine Selbstverständlichkeit, zwei Ausländer, die nicht einmal die Landessprache sprechen oder lesen können, zu bewirten und sogar mit ins eigene Bett zu nehmen. Ich bin beeindruckt und gerührt von so viel Gastfreundschaft und Offenheit.

In freier Wildbahn haben wir leider kein Glück, aber in der Panda-Aufzuchtstation bei Chengdu können wir die süßen Tollpatsche live bestaunen.

Die 32 Geister, die wir riefen

Tag 522, Kilometer 9227,
Luang-Namtha-Provinz im Norden von Laos

POSITIV Ruhe und Abgeschiedenheit **NEGATIV** Klebreis mit Soße mit den Fingern zu essen ist nicht einfach **GELERNT** In den Tag leben

In Laos scheint die Zeit etwas langsamer zu vergehen. Die Laoten wirken offen und lebensfroh, es wird hart gearbeitet, aber auch viel gelacht, gequatscht, gewunken und geschlafen. Nicht nur einmal betreten wir einen Laden und finden den Verkäufer auf dem Boden schlafend neben dem Verkaufstresen vor. Wer etwas kaufen will, weckt ihn, wer nur schaut, kann das auch alleine.

Laos ist damit ein absolutes Kontrastprogramm zu China. Und wir gewöhnen uns schnell daran. In China hatten wir zum Schluss viel Zeitdruck, denn für einen neuen Reisepass mussten wir kurz vor Ende der zweiten und letzten Visumsverlängerung noch mit dem Zug 36 Stunden nach Peking fahren. Zurück gab es kurz vor dem chinesischen Neujahrsfest nur noch Stehtickets.

Hier ist nun alles ruhig und entspannt. Die Straßen sind staubig und holprig, doch dafür gibt es auch kaum Verkehr. Vorbei geht es an kleinen Dörfern, wo Frauen und Kinder grüne Triebe zu Besen verarbeiten, Männer in Unterhosen unter hoch angebrachten Wasserhähnen duschen, Kinder in den Flüssen planschen, Frauen dort die Wäsche waschen und baden und alle uns »Sabaidi« zurufen, Laotisch für »Hallo«. Zwischen den Häusern laufen Hängebauchschweine, Wasserbüffel und Hühner frei herum. Ein paar Kinder spielen mit den winzigen Schweinebabys, während wir im Slalom um die Kühe herumfahren. Die Hütten in den Dörfern stehen auf Stelzen, und die Dächer erinnern mich schwer an norddeutsches Reetdach. Wände und Fußböden sind aus einzelnen geraden und sehr stabilen Bambusstielen gefertigt und mit getrockneten Bananenblättern verwebt.

Eines Abends bitten wir um Erlaubnis, unser Zelt aufstellen zu dürfen und werden direkt zur Hütte des Dorfbürgermeisters Chanthava begleitet. Seine Frau Anong und er haben vor einem knappen

---

Wir radeln entlang der Hauptverbindungsstraße zwischen Vientiane und der chinesischen Grenze (oben). Ein Moped reicht locker für vier (unten).

Jahr einen belgischen Radfahrer bei sich aufgenommen. Sie waren begeistert von der Erfahrung und möchten nun auch uns für eine Nacht ihr gemütliches Heim anbieten. Stolz zeigt der Bürgermeister uns die Postkarte des anderen Radlers, die in seinem Haus einen Ehrenplatz hat. Unsere selbst entworfene Weihnachtskarte aus China hängt er gleich daneben. Zwei weitere Dorfbewohner gesellen sich zum Abendessen zu uns. Einer der beiden, Ku, hat ein privates Stipendium für die Universität und spricht recht gut Englisch. Wir fragen ihn Löcher in den Bauch. Es gibt so viel, was wir in den letzten Tagen beobachtet und nicht verstanden haben, und endlich ist da jemand, der uns einige Dinge erklären kann. Unsere Gastgeberin Anong legt derweil einen dünnen Teppich aus, in dessen Mitte sie ein Tischtuch ausbreitet. Wir setzen uns auf den Teppich um das Tuch herum, während sie mehrere Schalen aufträgt. Es gibt eine Dose Fisch in Tomatensoße, gebratenes grünes Gemüse, eine Art getrocknete Alge mit Sesam, einen Salat mit Aubergine und Ei, etwas ganz kleines Rotes, das ganz scharf ist und etwas, das nach einem Innereien-Eintopf aussieht. Dazu wird Klebreis gereicht, der bald zu unserer Lieblingssättigungsbeilage wird. Anong hat alles auf einem Feuerofen hinter dem Haus vorbereitet. Mit Servierstäbchen füllen wir unser kleines Schälchen. Besteck gibt es nicht. Ku erklärt uns, wie wir den klebrigen Reis mit den Händen zu Bällchen formen können und ihn anschließend in die verschiedenen Soßen dippen und Stücke darauf schaufeln. Es klappt eher mäßig, mir zerfällt das Bällchen ständig, und wir haben hinterher beide ölige Soßenhände und schmierige Wangen.

Am nächsten Morgen bereiten unsere Gastgeber eine »Baci«-Zeremonie für uns vor. Sie murmeln Gebete, berühren Dinge in einer bestimmten Reihenfolge und krümeln uns klebrigen Reis und Brot auf den Kopf. Anschließend bekommen wir je vier weiße Bändchen um die Arme gebunden. Der Sinn der Zeremonie ist, die 32 »Kwan« (geisterähnliche Wesen) zusammenzutreiben, die unsere Seele und Organe zusammenhalten. »Manchmal, wenn man auf Reisen ist, bleibt ein »Kwan« an einem Wasserfall, ein anderer in einem Stück Wald oder auf einem Berg. Das daraus resultierende Ungleichgewicht raubt Energie und kann krank machen«, erklärt uns Chanthava. Wir verstehen nicht viel, doch wir fühlen uns sehr geehrt ob dieser schönen Zeremonie. Als wir kurz darauf wieder die Hügel hinaufradeln, ist klar: Die Zeremonie hat uns Kraft gegeben. Ob das an den zurückgekehrten »Kwan« liegt oder an dem guten Frühstück, ist für uns nebensächlich. Wir fühlen uns energiegeladen, und das haben wir Chanthava und Anong zu verdanken.

Laoten in Eile

Tag 603, Kilometer 10418, Südlaos

POSITIV Tempelübernachtungen und Wasserbüffel
NEGATIV Nudelsuppe zum Frühstück, zu Mittag und auch abends **GELERNT** Verantwortungsvolles Verhalten bei Blitzschlag jedenfalls nicht

Der Schweiß läuft uns bächeweise aus allen Poren, vermischt sich mit Sonnencreme, Staub und Mückenschutzmittel. Am Abend würden wir eine schmierige Paste von unseren Gesichtern schrubben. Vom Lenker baumelt ein kleines Handtuch, mit dem ich die Haut um meine Augen trocken halte. Das Thermometer ist nicht mehr am Anschlag. Der Zeiger hat den Anschlag überschritten und ist nach der leeren Anzeige von hinten in den Minusbereich eingetreten. –45 °C zeigt es an. Die Wasserbüffel hängen faul rum, und auch wir müssen uns dringend nach einem Plätzchen für die Mittagspause umsehen, denn es ist beinahe Mittag, und wenn die Sonne ihren höchsten Stand erreicht hat, ist uns das Risiko eines Sonnenstichs zu hoch. Daher haben wir uns ein Radelverbot von 11.30 bis 14.30 Uhr verordnet, oft auch länger, denn wenn die Temperatur am Nachmittag gefühlt ins Unermessliche steigt, kommen wir kaum mit der Flüssigkeitszufuhr hinterher, sind schlapp und antriebslos. Dann flimmert die Straße, und selbst die Feldarbeiter nehmen vor der Mittagshitze Reißaus. Den Rest des Tages arbeiten sie vermummt wie die Bankräuber, sodass nur noch ein Schlitz für die Augen die Sonne erreicht. Vor ein paar Tagen in Thailand hatten wir Glück und fanden ein Straßenrestaurant, das aus mehreren kleinen Dächern ohne Wände bestand. Wir durften nach dem Essen die Fläche unter einem dieser Dächer besetzen und bekamen noch zwei Kopfkissen und einen Ventilator dazu gereicht. Tags zuvor hatten wir unsere Mittagspause in einer unbenutzten Bushaltestelle verbracht und davor im Schatten vor dem Dorfladen, mit Limonade in der Hand, dem Backgammonspiel zwischen uns und mit Blick auf die Wasserbüffel.

Als wir endlich ein Straßenrestaurant mit Schatten entdecken, sind wir nicht wählerisch. »Gibt es Essen?«, fragen wir hoffnungsvoll. »Ja«, nickt die nette Frau. »Klasse. Zweimal bitte«, geben wir zurück.

Wir bekommen das Einzige, was es gibt, nämlich das, was wir auch schon zum Frühstück hatten: Nudelsuppe mit frischen Kräutern. Bis zu dreimal täglich löffeln wir eine Schale davon. Obststände, die wir im Norden noch so häufig gesehen haben, werden immer rarer.

Die Hitze ist typisch für den Beginn der Regenzeit, und auch heute fallen am frühen Nachmittag ein paar erfrischende Tropfen, die schnell zu einem tropischen Gewitterregen anschwellen. Bald sind wir nass bis auf die Haut, und der Wind reißt mir fast den Lenker aus den Händen. Der Regen prasselt von der Seite statt von oben kommend auf die Haut wie klitzekleine Pistolenkugeln.

Die tiefgrauen Wolken verdunkeln den Himmel. Statt Gegenwind haben wir nun Rückenwind und brauchen für 33 km/h kaum noch in die Pedale zu treten. Äste fliegen über die Straße, verängstigte Kühe, Ziegen und Schweine rennen wie aus dem Nichts über die Straße, und am Horizont leuchten die ersten Blitze. Ich überlege, was für den Blitz wohl relevanter ist: Material, Form oder Höhe. Schlägt er eher in einen 50 Zentimeter hohen Eisenklumpen ein oder in einen 50 Meter hohen und spitzen Holzpfosten? Oder in ein kleines Alurad mit einem Fleischklumpen drauf? Doch es hat angenehme 22 °C, wir haben einen Heidenspaß mit dem Rückenwind, reizen unser Glück aus und legen erst dann eine Pause ein, als die Blitze nur noch drei Kilometer entfernt sind.

Zu unserem Glück steht neben fast jeder Brücke im Süden des Landes eine kleine Holzhütte. Im Inneren beobachten wir ein Phänomen, das in Laos sehr selten ist: Menschen, die sich beeilen. Drei Mofas halten vor unserer Hütte, und fünf Passagiere rennen mit ihrem Gepäck überm Kopf durch den Platzregen in unsere Hütte.

Nicht immer haben wir so viel Glück bei der Suche eines Unterschlupfs. In Kambodscha zum Beispiel teilen wir eine Hütte mit fünf Jugendlichen und einer Schlange. Ein andermal stellen wir uns unter dem Carport eines vermeintlichen Restaurants unter und merken erst viel später, dass es sich um ein Bordell handelt.

Das Spektakel wiederholt sich immer mal wieder ein paar Tage lang: Extreme Hitze ab dem frühen Vormittag und ein bis zwei Stunden Weltuntergangsstimmung am Nachmittag.

Dann ist es wieder mehrere Tage lang knüppeltrocken, und wir radeln staubige Feldwege entlang, bis Roberto nicht mehr durch seine Brillengläser gucken kann. Am Abend gleichen wir panierten Schnitzeln. Uns kann man es auch wirklich nicht recht machen. Erst als wir im Süden Thailands ankommen, wo wir drei Tage Urlaub am Meer machen, gefällt uns das Klima genauso, wie es ist. Denn wenn man sich einfach in die Fluten stürzen kann, sobald es zu warm wird, ist die Welt doch in Ordnung.

Für kleines Geld können wir an manchen Läden unsere Wasserflaschen auffüllen. Die Schuhe bleiben draußen (oben). Unsere Gewitterhütte (unten).

Knochenbrecherfieber ohne Gesichtsverlust

Tag 610, Kilometer 10576, Don Det, an der Südspitze von Laos

POSITIV Ursprünglichkeit, malerische Sonnenauf- und -untergänge **NEGATIV** Mücken, die Krankheiten übertragen **GELERNT** Moped fahren jedenfalls nicht

Die Mekonginsel Don Det liegt im Süden von Laos, kurz vor Kambodscha, und gehört zu den »4000 Inseln«, von denen die meisten unbewohnt sind. Mittlerweile ist die autofreie Insel zu einem beliebten Ziel für Rucksackreisende geworden. Es gibt Wege um die Insel und durchs Innere, rund um die Uhr Strom, mehrere Badestellen, Restaurants, Gasthäuser mit Hängematten vor jedem Zimmer und Blick auf den Mekong entweder samt Sonnenaufgang oder -untergang. Plastik gibt es kaum. In Laos wird nach wie vor viel mit natürlichen Materialien gebaut, verpackt und gekocht. Die vereinzelt auftauchenden Plastikstühle werden so lange benutzt, bis sie absolut nicht mehr reparabel sind. Die Klientel ist gemischt: Aber es gibt überdurchschnittlich viele alleinreisende weiße Mittzwanziger, die eine Menge Flaggen auf ihre Rucksäcke genäht haben, stets iPad und Ukulele zur Hand haben, die »Happy« Pizza (mit Marihuana) bestellen, einen Man Bun und Ballonhosen tragen, gerne abseits ausgetretener Pfade reisen, barfuß laufen und mit Kafka in der Hand in ihrer Hängematte einschlafen.

Mittlerweile haben wir eineinhalb Monate Laos hinter uns. Zu Ballonhose und »Happy« Pizza reicht es zwar nicht, aber auch wir sind dem Zauber von Laos erlegen und haben die gemächliche Lebensart komplett eingesogen. Wir radeln und spazieren viel, baden an verschiedenen Stellen im Mekong, sogar an der Wasserbüffelbadestelle. Die Tage vergehen wie im Flug.

Die Besitzer unseres Gasthauses, Mr. Tho und Mrs. Lin, kümmern sich rührend um ihre Gäste. Als mich recht plötzlich ein hohes Fieber packt, bieten sie uns auch ihren Motorroller an, um auf die Nachbarinsel zur Krankenstation zu fahren. Ich selbst kann mich kaum auf den Beinen halten und denke nicht im Traum daran, das Ding zu lenken, also übernimmt Roberto etwas zögerlich das Steuer. In wilden Schlangenlinien ruckeln wir wackelig und unbeholfen den Weg entlang. Mr. Tho läuft neben uns her und erklärt immer wieder, wo Gas und Bremse sind. Als wir beinahe umkippen, gibt Roberto schließlich auf. Mr. Tho kichert nervös. Er hatte wohl doch ein wenig Sorge um sein Gefährt und kann seine Erleichterung nur schlecht verbergen. Roberto steigt ab, Mr. Tho übernimmt das Steuer, und bald stehen wir vor der Krankenstation. Die verantwortliche Ärztin jätet gerade die Beete ihres Gartens nebenan. Sie unterbricht ihre Arbeit, begleitet uns in die Zwei-Raum-Krankenstation, wäscht und desinfiziert sich die Hände, piekst mir in den Finger, tropft das Blut auf ein Plastikkärtchen und unterhält sich die ganze Zeit auf Laotisch mit Mr. Tho. Nach ein paar Minuten zeigt sie mir das Kärtchen, auf dem nun eine Linie sichtbar geworden ist. Mr. Tho übersetzt: keine Malaria. Ob ich Paracetamol habe, fragt die Ärztin. Wenn ja, soll ich es nehmen, wenn nein, können wir welches kaufen. Ich frage, was genau ich denn habe. »No Malaria«, wiederholt die Ärztin diesmal auf Englisch und hält freudig den Daumen hoch. Weitere Details sind wohl irrelevant.

Das hohe Fieber hält sich hartnäckig, ich bekomme Schüttelfrost, Durchfall, und mir tut alles weh. Ich habe Fieberträume, wälze mich hin und her, schwitze viel und verlasse nur ein einziges Mal das Zimmer, um im Morgengrauen klammheimlich unsere Bettwäsche zur Waschmaschine zu tragen. Ich hatte im Halbschlaf etwas als Pups interpretiert, das sich als etwas anderes herausstellt. Roberto, der aus dem Schlaf geschreckt ist, weil auch er einen Teil der Sprühladung abgekriegt hat, schaltet instinktiv auf Notfallmodus und erträgt sein Schicksal mit Fassung. Er kümmert sich erst um mich und begleitet mich bei meinem wackeligen Gang zur Waschmaschine, bevor er ausgiebig duscht. Für einen Mann, der selbst vor Babysabber angeekelt Reißaus nimmt, ist das ein absoluter Liebesbeweis.

Nach wenigen Tagen geht es wieder bergauf mit mir. Das Fieber sinkt, und die Schmerzen lassen rasch nach. Von einem halben Teller Gemüsebrühe und 50 Metern Fußweg pro Tag steigere ich mich langsam, bis alles so ist wie zuvor. Mr. Tho und Mrs. Lin fragen täglich nach mir und geben vor, nichts von meiner Waschaktion in Eigenregie bemerkt zu haben, um mein Gesicht zu wahren. So macht man das in Südostasien: Es wird tunlichst vermieden, Menschen vorzuführen, selbst wenn sie sich bereits selbst bloßgestellt haben. Auch deshalb geht es immer so freundlich zu. In der Öffentlichkeit wird niemand berichtigt, bezichtigt, beschuldigt, blamiert oder sonst irgendwie in Verlegenheit gebracht. Nicht einmal Eltern werden gegenüber ihren Kindern laut! Wer etwas Negatives äußern will, der muss das sehr subtil tun, ein bisschen flunkern und es so hinbiegen, als

Bei den 4000 Inseln verzweigt sich der breite Mekong immer und immer wieder. Mit kleinen Booten kann man die Gegend erkunden.

Hängematten mit Mekongblick sind auf Don Det fast Standard (oben).
Mr. Tho mit einem seiner Kinder (Mitte). Glückliche Schweinchen (unten).

habe man sich selbst geirrt, was ohne Übung sehr schwierig ist. Natürlich mit einem Lächeln. Aggressivität ist in jedem Fall fehl am Platz. Am besten wird Kritik einfach gar nicht geäußert, wenn es sich vermeiden lässt. Ist es unausweichlich, wie im Fall eines defekten Geräts, kann man zum Beispiel sagen »Es ist sehr praktisch, dass das Zimmer über einen Ventilator verfügt. Allerdings verstehe ich die Bedienungsanleitung nicht, ich spreche ja kein Laotisch und finde sie verwirrend. Würdest du ihn bei Gelegenheit für mich anstellen? Ich gehe jetzt etwas essen.« Das gibt der angesprochenen Person Zeit, den kaputten Ventilator auszutauschen oder zu reparieren, ohne dass der Fehler angesprochen wird, was für beide Beteiligten zu Gesichtsverlust führen würde. In der Theorie ist das leicht gesagt, doch wenn ein abgesprochener Preis spontan erhöht wird oder das versprochene WLAN nicht existiert, wird es schwieriger. Was tun: sich damit abfinden oder eine kreative Möglichkeit finden, es anzusprechen?

Bei kleineren Missgeschicken und Unfällen, wie unserer uneleganten Motorrollerfahrt, wird die Tollpatschigkeit einfach weggelacht. Das hat mit Schadenfreude nichts zu tun. Das unangenehme Erlebnis, das für alle präsent ist wie ein rosa Elefant, ist so am einfachsten zu verkraften.

Als unser Visum sich dem Ende zuneigt, setzen wir aufs Festland über und strampeln langsam zur kambodschanischen Grenze. Ich fühle mich noch geschwächt und wackelig auf den Beinen und bin von einem Ausschlag übersät, dank dessen typischer Form ich jetzt eine Selbstdiagnose stellen kann: Das Denguefieber war es, das mich im Griff hatte, auch bekannt unter dem Namen »Knochenbrecherfieber«.

Abschied vom Mekong

Tag 639, Kilometer 10926, Kratie-Provinz, im Nordosten Kambodschas

POSITIV Der Sonnenuntergang im Mekong **NEGATIV** Ich schaffe es einfach nicht, die bekleidete Schöpfkellendusche mit Zuschauern elegant durchzuziehen **GELERNT** Bei sich verzweigenden Wegen führt der Weg zurück zur Hauptstraße am Stromkabel entlang

Hinter Stung Treng verlassen wir die Hauptstraße und radeln auf einer schmalen Seitenstraße weiter, die bald zum Pfad wird und sich dann permanent verzweigt. Der Sandweg ist holprig, und der wenige Verkehr geht zögerlich voran. Ich finde die Geschwindigkeitsdrosselung sehr praktisch in einem Land, in dem schon zehnjährige Kinder ihre Geschwister auf dem Mofa hin und her fahren. Auf den Hauptstraßen ist der Verkehr noch viel abenteuerlicher. Am meisten faszinieren mich die Kleinbusse. Die hintere Tür steht offen, und Mopeds, Fahrräder, Gemüse und Tiere quellen heraus. Festgezurrt werden sie mit ein paar Tauen. Obendrauf die Menschen. Jeder Kubikzentimeter Platz wird ausgenutzt. Ein Mann sitzt sogar auf dem hinten aus dem Auto ragenden Moped.

Wir halten uns grob in Richtung Süden. So lange wir nicht links die Hauptstraße queren oder rechts den Mekong, passt alles. Schnell kommen wir nicht voran, dafür sind wir viel zu beschäftigt mit Gucken und Grüßen. Hier sind es nicht nur die Kinder – auch junge Mütter, alte Herren und Halbwüchsige winken uns freundlich zu. Ich radle dauerhaft einhändig. Wasser trinken, winken, Handtuch aus der Lenkertasche fischen, Schweiß abwischen, winken. Dazu wird »Hellooooo« gebrüllt, was das Zeug hält. In der Nähe von Schulen werden uns auch Fragen wie »What's your name« gestellt. »Anniiiiiii« rufe ich dann zurück. Dreisilbige Namen sind unüblich, und wir nennen uns seit Monaten Anni und Beto. Auch »I love you« hören wir immer wieder. Meistens ruft Roberto laut »I love you tooooooo« zurück, worüber sich die Kinder ganz besonders freuen.

Als Roberto am späten Nachmittag für ein Foto anhält, kommt eine junge Frau auf mich zu. Bunny heißt sie und unterrichtet Englisch an einer Schule in der Nähe. Ich grinse, denn mir war aufgefallen, dass die Aussprache der Kinder sich während der letzten Kilometer merklich verbessert hatte. Bunny lädt uns ein, die Nacht bei ihr zu Hause zu verbringen. Aber zuerst sollen wir rüber zum Mekong gehen, falls wir schwimmen können. »Da könnt ihr euch erst mal abkühlen«, sagt sie.

Wir parken die Räder und laufen durch ein Feld zum Ufer. Das Wasser ist kühl, und gegen die Strömung kann man noch gut anschwimmen. Wie üblich in Kambodscha gehe ich voll bekleidet ins Wasser, und Roberto zieht nur sein Shirt aus. Bald gesellt sich eine Gruppe Jungs zwischen etwa neun und zwölf Jahren zu uns, dann ein junger Bauer mit seiner Kuh. Er führt sie behutsam ins Wasser und schrubbt sie dann sauber, während die Jungs um uns herumplanschen. Ein zweiter Bauer mit zwei weiteren Kühen gesellt sich zu uns, und wir schwimmen mit Menschen und Kühen, bis die Sonne am anderen Ufer fast untergeht.

Bunny lebt in einem Bambushaus auf hohen Stelzen, darunter steht die Wassertonne. Zwei Nachbarsfrauen schauen neugierig zu mir herüber, wie ich mir das Mekongwasser mit noch mehr Mekongwasser abschrubbe.

Zwei Räume gibt es bei Bunny: die Küche und den Wohnraum. Bunny kocht, und ich mache einen Salat aus den Tomaten und Gurken, die wir mitgebracht haben. Zum Abendessen kommen auch Bunnys Schwester und Bruder, der Großvater und die Eltern vorbei. Ihren Verlobten wird Bunny erst im Januar wiedersehen. Er arbeitet in Südkorea, wo er mehr Geld verdienen kann als in Kambodscha. Bunny freut sich schon sehr aufs Wiedersehen. Viele Kinder in der Region lernen nun Koreanisch, um später in Korea arbeiten und Geld heimschicken zu können. Nach dem Essen betrachten wir gemeinsam einen großen Stapel von Bunnys Familienfotos. Kurz darauf geht die Familie nach Hause, und auch für uns ist bald Feierabend. Im Kambodscha steht man mit den Hühnern auf und geht entsprechend zeitig ins Bett. Wir hängen das Mückennetz über uns und legen uns auf unsere dünnen Schaumstoff-Isomatten. Durch die Lücken zwischen den Bambusdielen im Boden sehe ich hinab auf die Kühe, die es sich wiederkäuend unter mir gemütlich gemacht haben. Käfer krabbeln neben meinem Kopf, Fliegen und Mücken summen, sie sind von unten durch die Ritzen gekommen. Draußen zirpen die Grillen. Vereinzelt hören wir ein paar Kuhfladen dumpf auf den Boden unter dem Haus platschen.

Es ist unsere letzte Nacht am Mekong. Nach fast 1300 Kilometern in drei Ländern überqueren wir am nächsten Tag ein letztes Mal eine Mekongbrücke. Der Mekong fließt weiter nach Südosten, und wir fahren zum ersten Mal auf unserer Reise eine Weile gen Westen.

Heute ist »Kuhwaschtag«. Wir baden daneben (oben). Wir kaufen ein paar Kekse und quatschen uns im Nullkommanichts mit den anderen Kunden fest (unten).

Selten hören wir so viel Gekicher wie im ländlichen Kambodscha. Die beiden Jungs geben ganz schön Gas auf ihrem Fahrrad.

Schlafanzüge und Schuldgefühle

Tag 643, Kilometer 11 235, Kambodscha

POSITIV Schlafanzüge, Ovaltine und Angkor Wat **NEGATIV** Landminen, Dorfmärkte, Denguefieber **GELERNT** Meerjungfrauen gibt es nicht

Kambodscha ist voller freundlicher Menschen, doch etwas schlaucht uns. Das liegt nicht nur daran, dass es bei heiß-feuchtem Klima recht wenig Schatten gibt und dass ich noch vom Denguefieber gebeutelt bin, als wir einreisen. Es ist vor allem ein permanentes kritisches Auseinandersetzen mit den eigenen Privilegien und den daraus resultierenden Schuldgefühlen, das mental unglaublich anstrengt und mit dem wir uns zuvor nie so lange schonungslos konfrontiert sahen. Erst als wir die Landesgrenze nach Thailand überqueren, merken wir, wie angespannt wir einen Monat lang immer wieder waren. Erst jetzt können wir uns mit etwas Abstand in Ruhe mit der Geschichte und der Gegenwart des Landes auseinandersetzen sowie mit den extremen Gegensätzen, die wir gesehen und erlebt haben.

Der grausame Genozid der Roten Khmer unter Pol Pot ist nur etwa 40 Jahre her. Viele Menschen sind arm. In den wenigsten Dörfern gibt es Toiletten. Strom gibt es in ländlichen Gegenden nicht überall. Wenn überhaupt, dann kommt er aus Dieselgeneratoren. Gekocht wird über der Feuerstelle.

Hühnerfleisch ist sehr beliebt und wird samt Innereien und Knochen verarbeitet. An den meisten simplen Essensständen gibt es Reis mit Huhn ohne Soße. Wer keine Hühner hält, muss Geflügel und Eier kaufen oder tauschen. Im Wald jagen die Familien Kröten, Fledermäuse, Eichhörnchen, Mäuse und Ratten, aber auch wilde Schweine und Rehe. Die meisten Landbewohner besitzen ein mehr oder minder großes Reisfeld, das sie ein- bis zweimal jährlich ernten. Ein monetäres Polster für Missernten, Krankheit oder Notfälle hat kaum eine Familie. Viele Menschen sind dennoch sehr lebensfroh, stets zu einem Witz aufgelegt und lachen so viel, dass ich doch tatsächlich Wangenmuskelkater vom Zurücklächeln bekomme. Eines Tages radeln wir an einem Mädchen auf einem kleinen Fahrrad vorbei. Sie strahlt uns an, ruft »Hello«, winkt und steigt ab, und erst jetzt sehen wir, dass ihr ein Bein überm Knie amputiert wurde. Der Zusammenhang liegt nahe: Besonders in den weniger belebten Teilen Kambodschas gibt es bis heute Landminen aus vergangenen Tagen.

Aus Angst vor ihnen trauen wir uns nicht in den Wald zum Zelten oder Pinkeln. Stattdessen bitten wir oft die Mönche eines Tempels um einen Platz, an dem wir unsere Isomatten ausrollen dürfen. Bevor es Gasthäuser gab, übernachteten alle Reisenden in den Tempeln. Es findet sich immer irgendwo ein Plätzchen, manchmal auch gemeinsam mit den Mönchen im gleichen Raum. Dann tragen wir auch nachts langärmlige und -beinige Kleidung. So stechen uns obendrein weniger Käfer und Mücken, die sich irgendwie jede Nacht unter unser vermeintlich perfekt angebrachtes Moskitonetz mogeln. Dass die Mönche noch vor Sonnenaufgang auf den Beinen sind, kommt uns gelegen, denn auch wir müssen zeitig los, wenn wir ein, zwei Stunden bei unter 30 °C radeln wollen.

Mittags stärken wir uns gern mit einer sogenannten Ovaltine, das ist eine leckere Kalorienbombe aus Malz-Kakao-Pulver in einer Zuckerrohrsaft-Kondensmilch-Mischung auf Eis. Ovaltine ist heute leider aus, wir bekommen stattdessen zwei dickflüssige braune Getränke mit Luftblasen, die bestialisch stinken. Wir wollen keinesfalls unhöflich sein und fragen beiläufig die Zutatenliste ab, während wir die Sakes lächelnd herunterwürgen. Die Farbe kommt vom Kakaopulver. Der Gestank von Durian-Früchten, und die Blasen, das ist leicht geschlagenes rohes Eiweiß. Der Strohhalm steht im Schaum. Es ist liebevoll zubereitet, doch vor allem die Stinkefrucht Durian ist uns beiden ein Graus. Beim Bezahlen machen wir noch einmal demonstrativ »hmmmm«, reiben uns die Bäuche und strecken lobend den Daumen hoch. Muss ja keiner wissen, dass es uns nicht geschmeckt hat. Und offene Kritik ist in ganz Südostasien fehl am Platz.

Die kambodschanische Küche hingegen ist gar nicht schlecht. Auch die Preise sind meistens fair. Touristen zahlen etwas mehr, aber das finden wir in Ordnung, solange der Aufschlag nicht in irre Höhen schnellt. An Garküchen am Straßenrand stehen mehrere große Töpfe auf dem Feuer. Sie wurden morgens zubereitet und blubbern den Tag über vor sich hin. Da wir der Khmer-Sprache nicht mächtig sind, heben wir einfach alle Deckel und bestellen von dem, was am leckersten aussieht. Was das ist, das schmeckt man nicht immer gleich heraus. Hundefleisch gilt als Spezialität und ist dementsprechend teuer, daher bezweifle ich, dass wir es versehentlich probiert haben. Überhaupt schlagen wir nur einmal ein Essensangebot aus, ohne es auch nur angesehen zu haben: Affenhirn.

Kräuter und Limette werden für jede Garküchenportion frisch gehackt. Dazu gibt es Getränke in Dosen oder abgekochtes Fluss- oder Leitungswasser als Tee, der mit frischen Eiswürfeln gekühlt wird. Je-

des Lädchen besitzt eine große Eisbox mit einem Eisblock von einem Meter Länge drin, der bei Bedarf mit der Axt zerkleinert wird. Manche mahlen die Stücke auch mit großen, alten eisernen Crushed-Ice-Maschinen. Wo die zurechtgesägten Meter herkommen, wissen wir nicht, aber unserer Verdauung schadet das Eis nie.

Wir unterhalten uns hinter einer Tankstelle mit einer Frau im kunterbunten langen Schlafanzug. Diese Mode ist einer oft gehörten Theorie zufolge ein Überbleibsel aus der französischen Kolonialzeit. Der Schlafanzug galt lange als Zeichen dafür, dass man genügend Geld hatte, um sich besondere Kleidung nur zum Schlafen kaufen zu können. Wer einen Schlafanzug besaß, trug ihn auch tagsüber als Statussymbol. Heutzutage wird er genutzt, weil er bequem und leicht ist und vor der Sonne schützt. Die beliebtesten Muster sind Eisbären, Teddys, Minnie Maus, Blumenmuster und »Angry Birds«.

Ich sehe der Frau dabei zu, wie sie geschickt eine Schale voller lebendiger Käfer von ihren Flügeln und Beinen befreit. Die ganze Familie hilft mit.

Während des Genozids der Roten Khmer flüchteten viele Menschen in den Dschungel und mussten das essen, was sie fanden – auch Raupen, Spinnen und eben Käfer. Die Menschen gewöhnten sich an die eiweißreichen Krabbeltiere auf ihrem Speiseplan und bleiben bis heute dabei. Wo es beleuchtete Reklametafeln gibt, da hängen Plastiktüten an den Pfählen daneben, in denen sich massig vom Licht angezogene Tierchen laut summend verfangen, die am nächsten Morgen geerntet und zu Mehl verarbeitet werden können.

Was man nicht selbst benötigt, wird auf dem Markt verkauft. Es wird viel geredet, aber zumindest im Nordosten des Landes glauben wir weniger Gekicher zu hören als sonst. Zwischen den Ständen huschen Ratten und Kakerlaken herum und versuchen, ein Stück Fleisch, Geflügel, frittierte Fledermaus oder Fisch zu ergattern, das ungekühlt im Halbschatten liegt. Um die Fliegen zu vertreiben, halten die Verkäuferinnen Stöckchen mit daran geknoteten Stofffetzen in der Hand, wie wir sie schon aus Thailand kennen, doch die meiste Zeit halten sie sie still. Als eines Tages ein magerer Hund unter einem leer geräumten Gemüsestand hockt und eine randvolle Babywindel abschleckt, kommt Roberto fast das Frühstück hoch. Die ständige Konfrontation mit der Armut strengt uns an, dabei sind wir doch gar

---

Besuch in Angkor Wat (oben). Gemeinsam mit den Mönchen übernachten wir im Kloster auf dem Boden. Zum Glück gibt es Strom und einen Ventilator (unten).

nicht die Leidtragenden. Wir können wegsehen, weiterfahren, notfalls sogar nach Hause fliegen. Andere müssen mit ihrem kargen Einkommen sehen, wo sie bleiben. Das wiederum weckt Schuldgefühle, die ein immer wiederkehrender Begleiter auf unserer Reise durch Kambodscha sind.

Es dauert auch gar nicht lang, bis das der Fall ist. In Siem Reap fühlt sich Roberto krank, und ich kaufe auf dem Markt die Zutaten für eine Hühnersuppe. Hier, unweit der weltberühmten Ruinen von Angkor Wat, ist der Markt sauber, es riecht angenehm, und ich fühle mich wohl. Schnell werde ich fündig, doch die Geflügelfrau weigert sich, mir ein halbes Huhn zu verkaufen. Erst als jemand für mich übersetzen kann, verstehe ich, warum. Sie glaubt, dass ich das Huhn roh als Snack verzehren will. Wir Touristen gelten in Kambodscha wohl nicht als die hellsten Leuchten. Ich verspreche ihr hoch und heilig, alles durchzugaren, dann darf ich eines kaufen.

Robertos Zustand hat sich in der Zwischenzeit verschlechtert. Er glaubt nun an die Existenz von Meerjungfrauen, weil er auf YouTube eine Doku-Fiktion geguckt hat, die er für eine echte Doku hielt. »Es wurde ein Skelett gefunden!«, japst er aufgeregt, als ich hereinkomme. Seine Stirn ist heiß.

Trotz Dengue schafft Roberto es, drei fieberfreie Tage lang mit mir durch die Ruinen von Angkor Wat zu radeln. Dank der Fahrräder können wir unsere Route und unser Tempo selbst bestimmen und haben manche Anlagen sogar ganz für uns. Eine absolut magische Erfahrung. Wir sind beeindruckt von so viel Pracht, Geschichte und Schönheit. Roberto legt ein Nickerchen auf einem großen runden Felsen ein, während ich in einem engen Gang voller Wurzeln »Indiana Jones« spiele.

Auf dem Rückweg nach Siem Reap radeln wir an einem Waisenhaus vorbei. Binnen einer Sekunde ist der Zauber der verwunschenen Tempel aus unseren Gedanken verschwunden, und wir fühlen uns wieder schuldig und bedrückt. Nur zu unserem Vergnügen reisen wir mit Kreditkarte für Notfälle im Gepäck durch fremde Länder und ärgern uns über Nichtigkeiten wie falsche Kilometerangaben oder leere Kamera-Akkus. Wir zahlen zähneknirschend 40 Dollar pro Nase für drei Tage Eintritt, während manche kambodschanische Familie es sich nicht einmal leisten kann, ihre eigenen Kinder zur Schule zu schicken. Es ist einfach ungerecht. Umso mehr bewundern wir die hart arbeitenden Kambodschaner, die uns gegenüber so hilfsbereit und stets zu einem Scherz aufgelegt sind und wollen uns für die Zukunft eine Scheibe von ihrer positiven Lebenseinstellung abschneiden.

Wir überholen eine junge Frau mit ihrem Kind. Sie hat Zeit und fährt gemütlich (oben). »What's your name? I love you!« (unten)

Empathie zwischen Reisfeldern

Tag 700, Kilometer 12868, Kepala Batas, bei Alor Setar, im Bundesstaat Kedah im Norden Malaysias

POSITIV Reisfeldwege, wunderbar süßer (Eis-)Kaffee **NEGATIV** Robertos Futsal-Verletzung aussitzen **GELERNT** Einen Teller Reis mit Fleisch und Soße mit den Fingern der rechten Hand zu essen, ohne dass die Hälfte in Haaren und im Gesicht kleben bleibt

Malaysia war ursprünglich mal das Ziel der Reise. Hier wohnt mein Freund Apit und später auch meine Freundin Dila. Hier angekommen, haben wir noch längst nicht genug vom Radeln. Stattdessen legen wir eine Pause ein, die sich auf eineinhalb Monate ausdehnt, weil Roberto sich beim Futsalspielen (Indoorfußball) mit Apit und seinen Freunden den Knöchel verletzt hat und ein paar Wochen auf Krücken geht.

Da wir kurz vor Ende des Ramadans ankommen, fasten wir spontan die letzten beiden Tage mit und feiern dann mit der Familie Hari Raya, das malaysische Zuckerfest. Dafür bekommen wir eigens traditionelle Kleidung aus Leinen verpasst: Roberto einen Sarong (Männerrock) und ein langes Hemd und ich das ganze Paket samt Kopftuch. Den ganzen Tag wird gegessen, mit den Kindern gespielt und Freunde und Verwandte werden besucht. Die Stimmung ist wohliggeborgen und erinnert mich ein wenig an Weihnachten im Hochsommer. Wir machen mit, sind mittendrin und beobachten an uns selbst, wie wir langsam beginnen, die Welt aus anderen Augen betrachten zu können.

Der eigene Hintergrund beeinflusst die Wahrnehmung ungemein. Ich als weiße, deutsche Frau nehme Dinge anders wahr und werde anders behandelt als Menschen, die sich auch nur in einem dieser Kriterien von mir unterscheiden. Das gilt auch für Roberto, einen mexikanischen Mann mit brauner Hautfarbe. Da er selbst schon Rassismus erfahren hat, merkt er sofort, wenn jemand aufgrund seiner Hautfarbe anders behandelt wird. Ich hingegen habe sensiblere Antennen für Alltagssexismus als er. Je mehr wir den Alltag von Apits Familie mitleben, Dinge ausprobieren, empathisch sind, irgendwann wortwörtlich in ihren Schuhen gehen, umso mehr können wir auch ihren ganz besonderen Blick auf die Welt nachvollziehen. Der Blick einer malaysischen Familie aus einem Dorf im muslimischsten Teil des Landes. Die Eltern traditionsbewusste Besitzer eines Ladens für »modest clothing«. Sechs erwachsene Kinder, die Hälfte von ihnen verheiratet oder verlobt. Die Kinder haben das Geschäft um seine beliebte kunterbunte Leinenlinie bereichert, die wir am Leib tragen. Dazwischen Apit, der seinen Eltern eine Spur zu modern ist und der sich seitdem ständig »zwischen den Stühlen« fühlt. Mit der Zeit verstehen wir das immer besser.

Während einer Radtour durch die Reisfelder wird uns klar, dass wir mit dem Fahrrad nicht nur eine muskelgesteuerte und sehr praktische Art der Fortbewegung gewählt haben, sondern unwissentlich auch ein unglaublich empathiefördernde Transportmittel. Wir haben keine Glasscheiben um uns herum, wie im Auto. Wir können selbst bestimmen, wo es lang geht und in welchem Tempo. Wo Musik läuft, da hören auch wir mit. Riecht es tagelang nach Dünger, so riechen auch wir das. Wir sind mittendrin, lernen ständig neue Blickwinkel auf Dinge kennen und können Teil von allem sein. Noch langsamer und intensiver wären wir nur zu Fuß, mit dem Kajak oder zu Pferde.

Viele Menschen lernen wir nur deshalb kennen, weil wir mit dem Rad permanent ziemlich ausgeliefert sind. Sowohl dem Wetter als auch dem Glück. Ständig sind wir auf die Hilfe wildfremder Menschen angewiesen, sei es für eine Wegbeschreibung, etwas Wasser oder auch einen Zeltplatz. Dadurch suchen wir aktiv den Kontakt mit Menschen verschiedener Herkunft, verschiedenen Alters und mit verschiedenen Einkommen. Wir treffen Menschen, die einsam sind, die gerade an ihrem Lebenstraum arbeiten, steinreich sind, gerade eine Familie gegründet haben, autistisch sind, in einer Band spielen, Vogelexperten sind oder nie Schuhe tragen. Hinter jedem steckt eine ganz eigene Geschichte.

Ab hier machen wir es uns zur Aufgabe, selbst neue Dinge zu probieren, um die Menschen besser zu verstehen, empathisch zu sein und uns zumindest ansatzweise in sie hineinversetzen zu können. Im Laufe der Zeit bekommen wir so einige Möglichkeiten dafür. Wir entgräten und räuchern Lachs, füttern Hühner, nehmen an einem Drachenbootrennen teil und an einer Reis- sowie einer Maiszeremonie. Wir übernachten auf Fußböden, auf Memory-Schaummatratzen, in Hängematten, in einer schwimmenden Jacht, unter freiem Himmel und in einem windschiefen Bretterverschlag. Wir leben unsere Umgebung genauso, wie auch ihre Bewohner es tun und können so zumindest ansatzweise viele ihrer Ansichten nachvollziehen und von ihnen lernen. Und das ist für uns das Größte.

Apits Familie ist sehr herzlich, und es wird viel gelacht. Zu Hause laufen alle barfuß, auch wenn an Hari Raya festliche Kleidung getragen wird.

Apit kenne ich aus Studientagen (oben). Mit Fahrradmechanikerin Sharon unternehmen wir eine Radtour samt Seilfähre zum Selbstziehen (unten).

Barfuß durch Ziegenmist und Matschepampe

Tag 801, Kilometer 13969, Provinzen Riau und Jambi, Sumatra, Indonesien

POSITIV Die Selbstverständlichkeit, mit der wir angesprochen und oft eingeladen werden **NEGATIV** Der extrem rücksichtslose Verkehr in Städten und auf Landstraßen **GELERNT** Der Äquator ist uns eigentlich gar nicht so wichtig

Ich habe es mir in den Kopf gesetzt, den Äquator mit dem Fahrrad zu überqueren. Wer weiß, ob wir je wieder so dicht am Äquator sein werden wie jetzt! Das ganze Unterfangen ist allerdings etwas umständlich. Erst nehmen wir von Singapur eine Fähre auf die kleine indonesische Insel Batam und von dort eine weitere Fähre über den Äquator nach Kuala Tungkal im Norden der Provinz Jambi auf Sumatra. Von hier aus wollen wir gen Norden radeln, dabei erneut den Äquator überqueren und von der Nordhalbkugel mit der Fähre zurück nach Malaysia fahren.

In Kuala Tungkal auf Sumatra angekommen, wundert man sich über uns. »Und wann geht eure nächste Fähre?«, fragt uns am Hafen einer der jungen Männer, die Gepäck und Fracht entladen. »Wir bleiben jetzt hier und fahren mit dem Rad weiter«, entgegne ich. Zweimal stellt der junge Mann noch die gleiche Frage, drückt sich jedes Mal etwas anders aus und lässt es schlussendlich bleiben, fest davon überzeugt, wir haben ihn einfach nicht richtig verstanden. Wo soll man denn von hier aus hinradeln können, fragt er sich bestimmt. Hier hätten wir zum ersten Mal stutzig werden sollen.

Wir folgen stattdessen der Hauptstraße nach Südwesten, bis rechts eine schmalere Straße abzweigt. Die Richtung stimmt. Super, genau das haben wir gesucht, eine kleine gemütliche Straße fernab der wilden Überholer. Wir wollen das ländliche Sumatra kennenlernen.

Der Weg führt durch Kokosplantagen, Palmölfelder, über jede Menge kleiner Kanäle und vorbei an Holzhäusern auf Stelzen mit Wellblech- oder Palmblattdach. Ungefähr eine halbe Stunde vor Sonnenuntergang fragt Roberto in einem Dorf nach einer Möglichkeit zum Übernachten.

Ein netter Mann begleitet uns zum Haus von Sulbakti und Muinah. Die beiden sind die Dorfvorsteher und laden uns ein, die Nacht bei ihnen zu verbringen.

Muinah kocht »Zucker mit einem Schluck Tee« und setzt sich dann zu ihrer Tochter Atika, um ihr bei den Hausaufgaben zu helfen. Die Indonesier lieben extrem gesüßte Heißgetränke. Ich auch. Wir plaudern eine Weile, bis Atika plötzlich kreischend aufspringt. Ein großer schwarzer Skorpion ist durch die Bretter im Dach auf das Hausaufgabenheft direkt vor ihre Nase gefallen und rennt nun verwirrt durchs Wohnzimmer. Während Roberto und ich uns panisch in die hinterste Ecke drängen und genauso schnell wieder hervorkommen, um uns bloß nicht lächerlich zu machen, schnappt sich Sulbakti einen Schuh und macht kurzen Prozess mit dem Eindringling.

Bevor wir schlafen gehen, zeigt Muinah uns den Weg zur Dusche. Ein- bis zweimal täglich wird hier geduscht. Auf einer kleinen Holzterrasse hinter dem Haus stehen Bottiche voller Wasser, in denen eine Schöpfkelle schwimmt. Einen Sichtschutz gibt es nicht. Es ist zwar gerade niemand zu sehen, dennoch wickle ich ein Handtuch um mich, wie es die einheimischen Frauen machen. Diese verlassen die Dusche immer schön sauber und mit trockenem Handtuch. Ich hingegen komme jedes Mal mit Seifenresten an den Beinen und triefendem Handtuch heraus. Muinah zeigt uns das freie Zimmer, das wir belegen dürfen und ich lasse mich müde auf die als Bett verkleidete Holzkiste fallen. Es rumpelt durchs ganze Haus. Nur die Katzen, die sich zwischen den Laken eingerollt haben, schlafen friedlich weiter.

Als ich am nächsten Morgen kurz nach 5 Uhr das Wohnzimmer wieder betrete, hat sich eine beachtlich große Gruppe an Freunden, Nachbarn und Bekannten dort versammelt. »Familie«, erklärt Sulbakti. In Indonesien gehört jeder Nachbar symbolisch zur Familie.

Die Erwachsenen setzen sich mit einer Tasse süßem Kaffee zu uns, während die Kinder draußen bleiben und sich die Nasen an der spiegelnden Fensterscheibe platt drücken. Zwei kleine Jungen erschrecken fürchterlich, als ich von innen das Gleiche tue. Sulbakti warnt uns vor der Straße. »Es kann ganz schön holprig werden, besonders jetzt nach dem Regen!« »Ach«, winke ich ab, »wir haben doch Fahrräder. Das wird schon.« Ich habe keine Ahnung, wie sehr ich diesen Spruch noch bereuen werde.

Wir verabschieden uns von Sulbakti, seiner Familie und den Nachbarskindern und strampeln los. Alle paar Kilometer überqueren wir eine Brücke, die über einen der unzähligen Kanäle führt. Der Asphalt weicht festgefahrenem Sand, und die Brücken über die zahlreichen Kanäle werden immer kleiner.

Nach etwa sieben Kilometern fehlt eine Brücke, sie wird gerade gebaut. Als Ersatz führt ein schmaler Holzsteg mit löchrigen Planken

MATA

über den Kanal. Ich traue der wackligen Konstruktion erst, als ich sehe, wie eine ganze Familie auf einem Moped darüber fährt.

Von nun an bleiben die wenigen Autos ganz aus. Wir teilen uns den Weg mit Fußgängern, Radlern und gelegentlichen Mopedfahrern. Endlich sind wir in einer wirklich ländlichen Gegend gelandet, fernab von touristischen Hotels, Cocktailbars und Souvenirshops.

Wir radeln über holprige Straßen und durch Pfützen, der Weg wird immer schmaler. Die Leute sehen uns verwirrt hinterher. Immer wieder halten wir und fragen, ob wir denn wirklich noch auf dem richtigen Weg ins nächste Dorf Pulau Kijang sind. Auf der Karte sieht die gelbe Linie eher nach einer befestigten Straße aus als nach diesem knapp einen Meter breiten Trampelpfad. Doch die »Karte« kam weit unten bei der Google-Bildersuche und ist das einzige detaillierte Werk, das ich zu der Gegend habe finden können.

Es dauert nicht lange, dann schieben wir unsere Räder durch einen von Pfützen durchzogenen Matschpfad. Links und rechts nichts als hohes Gras. Selten treffen wir auf Menschen, aber wenn doch, fragen wir weiterhin nach dem Weg. Immer geradeaus und an der Kreuzung nach rechts, da sind sich alle einig.

Der Weg zur Kreuzung kommt uns endlos vor, doch dann erreichen wir endlich die Straße. Sie ist so breit, dass zwei Autos nebeneinander fahren könnten, wenn intakte Brücken bis hierher geführt hätten.

Knapp 80 Meter radeln wir auf der festgefahrenen Erde, dann bewegt sich kein Reifen mehr. Das Gemisch aus feiner feuchter Erde und Lehm, auf dem wir uns bewegen, klebt felsenfest an den Reifen und verstopft in Sekundenschnelle Schutzbleche und Bremsen. Wir öffnen unsere V-Brakes und entfernen die Schutzbleche, an deren Schrauben wir rankommen, versuchen, der klebrigen Erde auszuweichen, schieben durchs hohe Gras, in Reifenspuren, am Rand des Weges, aber nichts hilft. Alle paar Meter blockieren alle Räder, und wir müssen anhalten, die bepackten Räder mit einer Hand festhalten und mit Stöckchen den felsenfesten Lehmmatsch abkratzen. Alle paar Schritte kleben ein paar Kilo mehr unter jeder Schuhsohle. Barfuß geht es gleich viel besser.

Ganz kurz kommt uns beiden der Gedanke, einfach umzudrehen. Aber nein, so schnell geben wir uns nicht geschlagen. Vielleicht ist es ja bald schon geschafft.

Atikas Freunde (oder Cousins und Cousinen, hier sind doch alle »Familie«) klettern draußen vorm Haus so lange im Baum, bis wir rauskommen.

Je weiter wir vorankommen, umso mehr Leute treffen wir und umso länger werden die Kilometerangaben. Als jemand etwas von zehn Kilometern murmelt, hören wir auf zu fragen.

Am Nachmittag treffen wir zwei Jugendliche, die langsam mit uns laufen. Alle anderen Fußgänger überholen uns im Nullkommanichts. »Es ist nicht mehr weit«, beteuern sie immer wieder. Und siehe da – völlig unverhofft erreichen wir ein winziges Dorf, in dem es sogar eine Art Tante-Emma-Laden gibt. Wir kaufen drei Instantsuppen und essen sie gleich gierig auf. Keine 20 Kilometer haben wir an diesem Tag geschafft.

Die Hauptattraktion des Dorfes und der Treffpunkt der gelangweilten Jugendlichen ist das Fährhaus, eine Hütte mit Dach und einem Steg, der in den Fluss führt. Von der anderen Flussseite aus seien es nur noch zehn Kilometer bis nach Pulau Kijang. »Nur drei Stunden mit dem Rad!«, muntert uns unser junger Freund auf. Normalerweise schaffen wir das in einer halben Stunde. Über Matschpfade würde es wohl eher eine Ganztagesexkursion werden. Die 15-köpfige Gruppe an Kindern, Jugendlichen und Erwachsenen, die sich mittlerweile um uns versammelt hat, stimmt kopfnickend zu. Der Weg sei von der gleichen »Qualität« wie der, über den wir hierhergekommen seien, fügt ein junger Mann hinzu. Roberto kann sich einen Seufzer nicht mehr verkneifen. Dann übernachten wir doch lieber hier unter dem löchrigen Dach des Fährhauses, als irgendwo auf den nächsten Kilometern im Matsch.

Wir beschließen, das restliche Tageslicht zu nutzen, um die gröbsten Dreckklumpen von unseren Rädern zu entfernen. Ein paar Jugendliche kichern über die dreckverschmierte weiße Frau ohne Schuhe, die halb im Fluss stehend mit den Fingern Matsch, Hühner- und Ziegenkacke von ihrem Fahrrad kratzt.

Wir schlingen gerade gierig die letzten Löffel Suppe in uns hinein und überlegen, wo wir die Isomatten ausrollen sollen, als eine Frau auf uns zukommt, sich als Putri vorstellt und uns anbietet, bei ihr zu übernachten.

Super! Wir packen und schieben die Räder ein paar Meter zurück zu ihrem Haus. Als allererstes führt Putri mich auf eine Holzterrasse und schöpft Wasser aus einem großen Bottich in der Küche in eine kleine Wanne auf der Terrasse. Dann geht sie zurück ins Haus, in dem sich nach und nach die ganze Nachbarschaft versammelt. Unter der Veranda blubbert schwarzes Wasser. Jetzt verstehe ich, warum hier alle Häuser auf Stelzen stehen! Ich fragte mich, ob das Wasser hier dauerhaft hingehörte oder ob das ein Phänomen der Regenzeit ist.

In einer Ecke der Terrasse fehlen zwei Bretter. Ist das Loch im Boden, das direkt in den Tümpel unterm Haus führt, etwa das Klo? Ich sehe mich um. Eine andere Klohütte kann ich nicht entdecken. Aber die Plumpsklos sahen bisher immer anders aus, und jeder Vorübergehende hätte sehen können, was da von der Terrasse einen guten Meter tiefer ins Wasser fällt. Zum Glück brauche ich gerade kein Klo und muss die Frage nicht länger erörtern. Die Terrasse ist von einem Sichtschutz aus Bambus umgeben, doch die Tür zur Küche geht nicht zu, also dusche ich mal wieder, in mein Handtuch gewickelt. Das Waschwasser ist grünlich, und einige schmale zuckende Larven schwimmen darin herum. Ich seufze und schleppe den Bottich dann einfach ein paar Meter weiter, sodass das Licht aus der Küche nicht mehr hineinscheint. Manchmal ist es besser, die Dinge nicht ganz genau zu wissen.

Ich setze mich im Wohnzimmer auf den Boden, und Roberto geht duschen. Nach und nach versammelt sich das halbe Dorf um uns. Fernseher, Handys und Kameras gibt es nicht. Strom auch nicht. Ich hole meinen Miniatlas hervor und zeige den Kindern, wo Roberto und ich herkommen. Zusammen mit dem Indonesisch-Wörterbuch, unseren beiden Fotoalben und meinem Notizbuch macht auch der Atlas seine Runden. Alle wollen blättern und schmökern.

»Apa?«, fragen die Kinder immer wieder und deuten auf eine Seite. Apa bedeutet »Was?«, und Roberto und ich erklären, so gut wir können.

Das ist mein Opa. Das ist der Hund von Robertos Mutter. Er hat einen Umhang an, weil es Winter und dann draußen kalt ist. Das ist ein Museum in Deutschland. Das ist ein Strand in Mexiko, in dem Land wohnt Robertos Familie. Das sind Adressen von ein paar Freunden aus Laos. Das sind Skizzen von Fahrradteilen. Das ist ein Foto vom Garten meines Vaters im Schnee.

Das Highlight ist ein Foto von meiner Tante und ihren beiden Kindern. Viele kleine Kinder gibt es in meiner Familie nicht, und da wir keine eigenen Kinder aufweisen können (mitleidige Blicke von allen Seiten), freuen sich alle zu sehen, dass es überhaupt welche in unserer Familie gibt. Anissa und Elias werden bestaunt, für ganz besonders süß befunden, und wir werden weiter befragt. Es ist noch nicht lange dunkel, als Roberto der Schlaf übermannt und er in der Ecke einnickt. Wie auf ein Zeichen verabschieden die Besucher sich, und ich hänge unser Mückennetz auf und lege mich zu ihm.

Die Hähne krähen uns wach. Die kleineren Kinder müssen auf die andere Flussseite zur Schule, und auch Putri will hinüberfahren, denn

Montag ist Markttag. Sie wirft sich in Schale und setzt sogar ein Kopftuch auf. Wir haben als Gastgeschenk auf die Schnelle nur ein paar Instantsuppen auftreiben können, und die bekommen wir nun als Frühstück vorgesetzt.

Das kleine Boot hat genug Platz für beide Räder, alle Taschen und mehrere Passagiere. Nach einer kurzen Überfahrt erreichen wir am anderen Ufer einen betonierten Steg. Ich kann mein Glück kaum fassen.

Nach zehn Kilometern würden wir Pulau Kijang erreichen, dort soll es sogar Straßen geben. Wir lassen den Markt links liegen und machen uns lieber gleich auf den Weg.

Aus Beton wird Holz, aus Holz wird Sand, aus Sand wird Erde, und aus Erde wird Erdmatsch mit Pfützen. Unsere anfängliche Begeisterung ebbt recht schnell ab. Der Weg führt uns an einem schmalen schwarzen Kanal entlang durch tiefen Wald, und uns umschwirren etwa eine Million Mücken. Ausgerechnet jetzt haben wir kein Mückenschutzmittel mehr! Während ich anhalte, um mit der freien Hand die Fahrradtaschen zu durchsuchen, stechen etwa 20 zu. Ich finde auf die Schnelle nur eine zerbröckelte Mückenspirale. Wir nehmen uns jeder ein Stück, zünden es an und wedeln damit herum, in der Hoffnung, der Rauch würde uns vollständig umnebeln. Mit der anderen Hand schieben wir unsere Räder. Mir graut es vor einem erneuten Denguefieber oder gar vor Malaria. Die Mücken setzen sich trotzdem auf nackte wie bekleidete Haut, und wir zucken und schütteln unsere Körper. Dabei löst sich ein Erdbrocken unter mir und ich falle um ein Haar in den schwarzen Kanal. Sollte uns dabei jemand zugesehen haben, so muss er uns für verrückt gehalten haben.

Links und rechts sehen wir Unterholz und Baumstämme, zunächst lugt noch ab und zu ein Haus durch die Blätter. Der Weg ist traumhaft schön, doch wirklich genießen können wir ihn nicht, während wir bis fast auf die Waden in einer Mischung aus Ziegenmist und Matsch einsinken.

Nach einer Weile wird der Wald lichter und der Weg breiter, doch die Matschepampe bleibt. Mittags knallt die Sonne noch viel schlimmer vom Himmel als sonst. Sie treibt uns den Schweiß aus den Poren, doch die Pfützen trocknet sie nicht aus. Immerhin bleiben nun die Mücken aus. Mittlerweile blockieren die Räder alle 20 Meter, und wir müssen anhalten und den Dreck abkratzen. Unsere Stimmung ist auf

Die ersten Matschpfützen können wir noch leicht durchqueren (oben), erst der klebrige Lehm macht das Vorankommen zur Qual (unten).

dem absoluten Tiefpunkt, die Nerven liegen blank, und als wäre die Situation nicht schon verzwickt genug, schieben wir uns gegenseitig die Schuld für unsere Situation in die Schuhe und keifen einander an. Nach einer Weile lege ich verzweifelt das Rad ins Gras und setze mich in den Matsch daneben. Roberto setzt sich zu mir. Wir sind zu müde, um weiter zu streiten.

Schatten gibt es keinen, der Wald ist einer Mischung aus Plantagen und Tümpeln gewichen.

Nach der Pause geht es uns besser, und auch der Weg erscheint etwas einfacher. Über manche der dicksten Pfützen hat jemand Gestrüpp und Äste gelegt, sodass wir nicht mehr so tief einsinken. Als wir eine richtige Brücke entdecken, wissen wir, dass es nicht mehr weit sein kann. Wir steigen auf die Räder. Die Bremsen können wir nicht schließen, also rollen wir einfach langsam vorwärts ans Ziel.

Die Stadt Pulau Kijang ist langweilig und nicht gerade schön, doch uns kommt sie vor wie ein kleines Paradies, denn es gibt Läden, Straßenstände und sogar ein Hotel. Für die knapp 13 Kilometer haben wir sieben Stunden gebraucht, zweieinhalb davon waren reine »Fahrzeit«, den Rest haben wir mit Dreckkratzen verbracht.

Für umgerechnet knapp sechs Euro gönnen wir uns ein Luxuszimmer mit eigenem Bad. Nicht zuletzt, weil wir die Vermutung haben, dass die Nudelsuppe am Morgen mit Maden-Wasser aus dem Fluss gekocht wurde. Nach einer Stunde sind alle Nudeln wieder draußen, und unsere Gedärme beruhigen sich langsam.

Nach zwei weiteren Tagen erreichen wir die erste Brücke und dann die Stadt Kotabaru. Ab hier fahren wieder Autos. Bald teilen wir die hügelige Landstraße mit laut hupenden Autofahrern, die uns mit ihren halsbrecherischen Überholmanövern den letzten Nerv rauben, sodass wir uns zurück in den Mückenwald wünschen. Den Äquator übersehen wir beinahe, er ist irgendwie nebensächlich geworden: Wir haben ganz vergessen, danach Ausschau zu halten.

Im Vergleich zu Indonesien war der chinesische Verkehr ein Kinderspiel.
Es wird blind überholt, viel gehupt und wenig geguckt.

New South Wales,
Australien

Australien und Ozeanien

Kulturschock

Tag 830, Kilometer 14464, Melbourne, Victoria, Australien

POSITIV Sehr hilfsbereite Menschen und fahrradfreundliche Autofahrer **NEGATIV** Wenn beim Zusammenbauen der Fahrräder Schrauben übrig bleiben **GELERNT** »Barbie« ist Barbeque, »Brekkie« ist Breakfast, und »Tea« ist Abendbrot

Wir haben es nicht geschafft, Eurasien komplett zu erradeln. Hier und da sind wir auf Züge und Busse ausgewichen. Oft lag das an einer der unzähligen Fahrradpannen, manchmal an bald ablaufenden Visa oder es war krankheitsbedingt. Doch den Löwenanteil haben wir mit dem Fahrrad »erfahren«, und wir müssen niemandem etwas beweisen.

Vor unserem ersten Flug auf einen neuen Kontinent nehmen wir uns einige Tage Zeit, um unsere Räder, Taschen und Zelt in alle Einzelteile auseinanderzunehmen und mit Benzin, Zahnbürste, Lappen und Fingernägeln gründlich zu putzen.

Australien hat ein extrem sensibles und einzigartiges Ökosystem, das schon durch das Mitbringen eines einzigen fremden Samenkorns oder gar einer Tierart durcheinandergebracht werden kann. Das beste Beispiel ist die Aga-Kröte, die 1935 bewusst eingeführt wurde. Sie sollte die Zuckerrohrkäfer auf den Feldern wegfressen, doch was die Farmer nicht bedachten, war, dass die Kröte zur Käfersaison noch Winterschlaf hält. Stattdessen hat die Riesenkröte es nun auf heimische Eidechsen, Frösche, Schlangen, Schildkröten und Kleinsäuger abgesehen. Mit ihren Giftdrüsen killt sie sogar Krokodile und frisst sie. Als Konsequenz wird nun bei der Einreise gründlich kontrolliert. Wir dürfen ohne Nachkontrollen einreisen und machen uns bald darauf auf den Weg ins Zentrum von Melbourne – 24 Kilometer sind es. Der Kulturschock könnte größer kaum sein. Normalerweise passieren wir eine Landesgrenze und befinden uns danach in einer Gegend voll gemischter Kulturen, in der man Essen aus beiden Ländern bekommt und beide Sprachen hört. Ein paar Tage fahren wir dann durch ländliche Gegenden, bis wir eine Stadt erreichen. Bis dahin haben wir uns an die Währung, Kultur und Sprache einigermaßen gewöhnen können. Nun ist alles anders. Schlagartig ist es vorbei mit wilden Affen, warmen Nächten, frischen exotischen Früchten, »Teh Tarik« genanntem Milchtee, günstigen Straßenständen und 5-Euro-Hotels. Weniger fehlen werden mir die ewig nassen Badezimmer, in

Den Park mit dem Blick ins Zentrum haben wir fast für uns allein (oben).
Am Chelsea Beach verbringen wir Weihnachten mit neuen Freunden (unten).

denen man sich die Hosenbeine hochkrempeln muss, und dass es sich gehört, in voller Montur zu schwimmen statt in einer Badehose oder einem Bikini.

Alle um uns herum sprechen nun Englisch. Dazu sehen wir weiße Menschen in jeder Straße. Das sind keine Touristen, die wohnen hier. Manche tragen tief ausgeschnittene Oberteile, andere küssen sich in der Öffentlichkeit. Alles verwirrt mich. Immerhin fährt man weiter auf der linken Straßenseite. Vom Flughafen radeln wir in die Stadt. Wo auch immer wir Vorfahrt haben, wird sie uns auch gewährt. Wir zählen als gleichberechtigte Verkehrsteilnehmer! Irgendwie landen wir in einem großen Park und finden nicht mehr raus. Mehrere Leute halten, erklären uns die kürzeste Route, die schönste, die fahrradfreundlichste, die mit den meisten Sehenswürdigkeiten am Wegesrand und vergewissern sich sogar noch mit ihrem Handy und Google Maps, dass alles seine Richtigkeit hat.

Es gibt viele andere Radler. Die meisten fahren schicke bunte Vintage-Räder mit Rennradlenkern und Ledersätteln. Die Helmpflicht wird kreativ aufgenommen. Skaterhelme sind beliebt. Am besten selbst bemalt oder mit selbst gestrickter Haube drüber. An den Seiten des Gepäckträgers schlackern Limited-Edition-Ortlieb-Taschen aus den 1990ern. Style zählt. Das sieht man auch am Outfit der Radler: abgeschnittene Jeans mit Fransen, hautenge Hosen, Nerdbrillen ohne Gläser, hochgezogene Socken, karierte Hemden, selbst gestrickte Schals, Hosenträger und riesige Kopfhörer – wir haben so viel in Sachen westlicher Mode und Trends verpasst, dass wir aufpassen müssen, nicht zu gaffen.

Highlights wie »Angry Birds«, »Gangnam Style« und »Skyfall« haben uns auch in Asien erreicht. Ansonsten hinken wir den Trends der westlichen Kultur einfach über ein Jahr hinterher. In meinem Tagebuch notiere ich später ganz aufgeregt die ersten Vollbärte, Messy Buns, Man Buns, Undercuts und Sidecuts. »Ich glaube, ich habe noch nie so viele bärtige Männer gesehen. Die Frauen wursteln sich die Haare zu einem sehr wuscheligen Dutt auf dem Kopf zusammen. Manchmal auch die Männer. Viele rasieren sich eine Seite des Kopfs kahl. Oder gleich beide. Und so viele Tattoos! Sogar unser Grenzbeamter hatte zwei riesige an Arm und Hand.« Alles verwundert uns. Es dauert ein paar Tage, dann haben wir uns in der wohl trendigsten Stadt der Welt eingelebt und fühlen uns pudelwohl, auch ganz ohne Sidecut und Tattoos.

Verweilen statt eilen

Tag 871, Kilometer 16357, Süden von New South Wales, Australien

POSITIV Rockpools, in denen man geschützt vor Wellen, Quallen und Haien im Meer seine Bahnen schwimmen kann **NEGATIV** Zwei Liter Eis zu zweit essen und danach radeln **GELERNT** Wallabys sind klein, flauschig und niedlich, aber Kängurus sind riesig, kräftig und Respekt einflößend

Bei perfektem Radelwetter machen mir die Hügel heute nichts aus. Es ist warm, aber nicht heiß, und die Aussicht ist wunderschön. Es geht durch zwei Nationalparks voller hoher und niedriger Bäume. Verkehr gibt es hier kaum.

Vor ein paar Tagen haben wir eine Entscheidung getroffen: Wir haben unsere Flüge umgebucht. Nun müssen wir uns nicht mehr tagtäglich abhetzen, sondern haben Zeit genug, um auch zu genießen, was wir erleben. Wir können uns Umwege erlauben und Pausen. Wir können den Moment genießen, ohne darüber nachdenken zu müssen, wie viele Kilometer wir schon geschafft haben und wie viele wir noch »müssen«.

Statt Verkehrslärm hören wir heute ein lautes Konzert exotischer Vogelrufe, die sich so völlig von allen Rufen unterscheiden, die ich je in Europa und Asien gehört habe. Es duftet nach Eukalyptus, der Wind raschelt durchs Laub, und wir genießen das sanfte Auf und Ab der Straßen.

Die recht kurze Strecke von Melbourne bis hierher war unglaublich abwechslungsreich. Es ging über staubige Wege, durch trockene Felder, entlang am langen Ninety Mile Beach und durch Regenwald. Ein paar Pausentage verbrachten wir neben einer riesigen Sanddüne am Strand, doch wegen eines Buschfeuers mussten wir verfrüht abbrechen. Dumm nur, dass all unsere Sachen im Haus zweier Feuerwehrmänner lagen. Glück gehabt, einer der beiden war vor Ort stationiert, für den Fall, dass ein weiteres Feuer ausbricht. Am nächsten Morgen war der Weg nach Westen weiterhin gesperrt, aber nach Osten war alles frei. Wir hatten Gegenwind und haben uns noch nie so sehr darüber gefreut.

Wir halten in Tathra an einem Lädchen. Nach einem Stromausfall muss nun alles weg, was in der Kühltruhe war. Wir kaufen zwei Liter Eis und essen sie vor Ort auf. Kleinere Mengen gibt es nicht. Da wir Zeit genug haben, spazieren wir anschließend noch am Strand entlang.

Ein Mann sucht mit dem Metalldetektor nach Schätzen. Ob er denn schon etwas gefunden habe, fragen wir. »Ein paar Münzen«, erwidert er, »aber etwa 90 Prozent der Funde sind Haarklammern.«

Bevor es dunkel wird, verlassen wir die Straße und radeln in Richtung Strand. Es geht über Waldwege, die so schön und friedlich sind, dass mir die Wurzeln und Löcher gar nichts ausmachen. Das goldene Licht der tief stehenden Sonne scheint hier und da durchs Blätterdach, ein paar kleine Tiere huschen durchs Laub, es ist wie verzaubert.

Der Middle Beach ist einer von vier Zeltplätzen im Nationalpark, an denen wir für zehn Dollar pro Nase unser Zelt aufbauen können. Diese simplen Plätze sind mit Grills und Trockentoiletten ausgestattet und verfügen weder über Strom noch über Wasser. Sie sind in New South Wales recht häufig und erleichtern uns das Reisen. In Victoria waren die meisten davon sogar kostenlos.

Die Sicht zum Strand ist atemberaubend, da der Zeltplatz auf einem Plateau liegt und wir so weit blicken können, wie es die Gischt erlaubt. Links brechen sich die Wellen an gewundenen Felsformationen, für die der Mimosa Rocks National Park berühmt ist, rechts erstreckt sich der Sandstrand kilometerweit, und die Wellen schieben Streifen weißer Kronen vor sich her. Hinter mir stürzen sich zwei Wallabys auf die Fruchtreste, die wir ins Gebüsch geworfen haben. Den Abend verbringen wir am Lagerfeuer der Nachbarn.

Um 6.30 Uhr sind wir wieder hellwach. Ein großer Waran will sich an unsere Lebensmittelvorräte machen, aber wir entdecken und verscheuchen ihn rechtzeitig. Ich beobachte das Treiben am frühen Morgen in den Wellen. Ein paar Surfer sind unterwegs, manche mit Longboards, andere mit kürzeren Boards und wieder ein anderer mit einem SUP. Dazwischen schwimmen ein paar Frauen, und ein älterer Mann reitet mit seinem Kajak die teils hohen Wellen entlang wie ein Rodeoreiter. Selten habe ich so ein aktives Volk wie die Australier gesehen. Egal, zu welcher Tageszeit und bei welchem Wetter, man trifft immer auf ein paar Surfer, Radler, Jogger und Schwimmer. Es ist windig und bewölkt, dennoch gehen auch wir im eisigen Wasser schwimmen, bevor wir uns mittags – gerade vor dem großen Regenfall – auf den Weg machen. Australien ohne Eile macht einfach mehr Spaß.

In Narooma zeigt uns Col, ein Einheimischer, die tollsten Orte (oben).
Es gibt kaum Verkehr und wir halten Ausschau nach Koalas (unten).

Wer rastet, der rostet

Tag 889, Kilometer 16814, Christchurch, Canterbury, Südinsel, Neuseeland

POSITIV Unsere neuen Freunde **NEGATIV** Sechs-Tage-Woche
GELERNT Kiwi-Dialekt verstehen, Sushi rollen, Modern Jive tanzen

In eineinhalb Jahren unterwegs haben wir einiges vermisst. Mit verschiedenen Gewürzen zu kochen, einen Kleiderschrank zu öffnen statt vier Packtaschen zu durchwühlen, ein Shampoo zu kaufen, weil es einem gefällt und nicht, weil es die kleinste Flasche ist. Und auch selbst Gastgeber zu sein und ein regelmäßiges Einkommen zu haben.

In Neuseeland machen wir – Working-Holiday-Visum sei Dank – diesen Wunsch zur Realität. Wir beantragen Steuernummern, eröffnen Bankkonten, mieten ein Zimmerchen, kaufen ein paar Möbel, Pflanzensamen, einen Wassersprudler und suchen uns Jobs.

Christchurch wird für ein Jahr unser Zuhause. Und wir leben uns schnell ein. Die Räder nutzen wir täglich zum Einkaufen und für den Weg zur Arbeit, doch weiter als ein paar Kilometer fahren wir nie. In unserer Freizeit gucken wir mit unseren Freunden »Game of Thrones«, veranstalten ausgiebige Kochwettbewerbe, schmeißen kleine Partys, lesen uns in der Stadtbibliothek fest, besuchen das Schwimmbad und gehen ins Kino. Ein ganz normales Leben also. Die Stadt mit einer Drittel Million Einwohnern empfängt uns mit offenen Armen und wird immer einen besonderen Platz in unseren Herzen haben. Das liegt auch an der positiven Mentalität der Bewohner, die nach dem Erdbeben 2011 gelernt haben, dass es sich für alle besser lebt, wenn man aufeinander achtgibt. Besonders unseren Mitbewohner Alan schließen wir ins Herz. Wir sorgen füreinander und wachsen schnell aus dem Status »WG« raus und zu einer kleinen Familie zusammen.

Der Alltag kehrt schnell ein. Roberto nimmt zunächst einen Job bei einem Outdoorausstatter an. Zum Leidwesen für alle Beteiligten dürfen Mexikaner mit Working-Holiday-Visum nur maximal drei Monate für den gleichen Arbeitgeber tätig sein, also verbringt er danach je ein knappes Vierteljahr in einer Pizzeria, einem thailändischen Restaurant und bei einer internationalen Hilfsorganisation. Ich hingegen darf zwölf Monate den gleichen Arbeitgeber behalten und finde einen Teilzeitjob in einem japanischen Schnellrestaurant und einen weiteren in der Outlet-Filiale des Outdoorausstatters. Ich komme durchschnittlich auf 55 Stunden in der Woche, Roberto übernimmt dafür einen größeren Teil der Haushaltsaufgaben.

Wir verdienen Mindestlohn, der hoch versteuert wird, können aber dennoch nach einem Jahr eine sehr positive Bilanz ziehen: Die Hälfte all unserer Einnahmen haben wir sparen können! Zum Glück, denn mit Neuseeland, Hawaii und dem Norden Nordamerikas haben wir uns als Nächstes nicht gerade billige Reiseziele ausgewählt.

»Home sweet Home«. Für so manchen WG-Kochwettbewerb haben wir viel eingekauft und uns richtig ins Zeug gelegt. Die Medaillen baumeln nun am Ofen.

Kirchenchor im kleinen Königreich

Tag 1261, Kilometer 16 814, Königreich Tonga

POSITIV Kokosmilch-Pfannkuchen mit frischer Maracujamarmelade **NEGATIV** Seekrankheit auf dem Weg nach ‘Eua **GELERNT** Einen 800 Jahre alten Ovava-Baum hochklettern

Nach fast einem Jahr auf neuseeländischem Boden neigt sich unser Working-Holiday-Visum dem Ende zu. Dabei haben wir doch noch gar nichts vom Land gesehen! Wir erinnern uns an die Zeit in der Türkei, wo wir nach einem Nachmittag auf einer griechischen Insel mit frischen Stempeln weitere drei Monate im Land bleiben durften. Zwischen Malaysia und Singapur klappte es genauso, warum also nicht auch hier?

Bald darauf finden wir uns im Südpazifik wieder, genauer gesagt in Nuku’alofa auf der Insel Tongatapu im Königreich Tonga. Wenn schon Visa-Run, dann auch gleich richtig.

Tonga liegt gerade noch diesseits der Datumsgrenze, zwischen Samoa, Fidschi und den Cookinseln. Das ganze Königreich hat weniger Einwohner als Christchurch in Neuseeland und wurde als eines der wenigen Länder im Südpazifik nie kolonialisiert.

Während die nördlichen Inseln für ihr Südseefeeling mit weißen Stränden und türkisem Wasser bekannt sind, lernen wir den Süden kennen. Dort gibt es Dschungel, Höhlen, Stein-, Kies- und Sandstrände und die kleine Hauptstadt mit dem einzigen Kino und der einzigen Fußgängerampel des Königreichs. Und es gibt ‘Ota ‘ika, rohen, in Zitronensaft eingelegten Fisch mit Kokosmilch, Zwiebeln und anderem gewürfeltem Gemüse gemischt. Ein weiterer Favorit ist gebratener Fisch mit Taro-Gemüse, auch wenn Taro an Mund und Zunge pieksen kann, als hätte man sich an vielen langen Grashalmen geschnitten. Ein paar Stunden später ist das seltsame Gefühl vergangen.

Wir verbringen ein paar Tage auf der Nachbarinsel ‘Eua, wo wir viel zelten, wandern und die Gegend erkunden, sowie einen Tag auf Pangaimotu, einer winzigen Insel zehn Bootsminuten von Nuku’alofa, der Hauptstadt Tongas, entfernt. Die meiste Zeit jedoch verbringen wir auf Tongatapu. Da wir unsere eigenen Räder nicht mitbringen können, mieten wir kurzerhand zwei klapprige »Mühlen«. Eine ist so klein, dass man sich die Knie ständig am Lenker anhaut, die andere hat einen rechteckigen Sattel aus Holz, der durch einen Schwamm unter einem Stück Plane mittelmäßig pofreundlich gemacht wurde.

Doch für die kleine Insel reicht es. Wir radeln in den Osten der Insel, zunächst auf einer stark befahrenen Straße. Aus den Schulen klingt Gesang, und es werden Tänze eingeübt. Am Straßenrand brennen kleine Häufchen voll Müll, und wir werden häufig angehupt. So richtig Spaß will es mir nicht machen. Erst als wir den Flughafen passiert haben, wird es ruhiger. Wir radeln zwischen Feldern hindurch, kein Verkehr weit und breit. Der Eingang zur Anahulu-Höhle liegt etwas versteckt an einem einsamen Strand. Sie ist stockfinster, und wir sind etwas nervös, als wir ganz allein mit dem Licht eines Feuerzeugs die Stufen herunterschleichen. Ganz unten angekommen, liegt dort ein unterirdischer See, der von einer einzelnen Kerze beleuchtet wird. Wer die wohl hier vergessen hat? Wir schauen das Ganze aus der Distanz an, dann hören wir Stimmen in der Dunkelheit. Drei Tongaer gesellen sich zu uns, grüßen freundlich und springen dann ins schwarze unsichtbare Nass. Auch wir fackeln nicht lange und hüpfen einfach hinterher. Überhaupt stehen unsere 13 Tage in Tonga unter dem Motto, über seinen eigenen Schatten zu springen. Oder eben in einen schwarzen See in einer schwarzen Höhle. Oder vom aus dem Wasser ragenden Bug eines rostigen Schiffswracks. Wir machen mit, was die Einheimischen machen und probieren Neues aus.

Sonntag ist Ruhetag, und der wird hier sehr streng genommen. Die Geschäfte und Restaurants sind geschlossen, es fahren keine Busse, auch der Flughafen bleibt leer. Tongaer sollen weder arbeiten noch kochen oder Sport treiben. Auch für uns bedeutet das ein Sparprogramm an Aktivitäten. Die meisten Menschen verbringen den Tag mit ihren Kindern, mit vorgekochten Köstlichkeiten und vor allem fein zurechtgemacht in der Kirche. Wir haben extra eine lange Bluse, ein langes Hemd, eine lange Hose und einen langen Rock mitgebracht und besuchen zwei Gottesdienste, einen in einer kleinen Dorfkirche auf ‘Eua und einen in einer großen Steinkirche in Nuku’alofa. Der Gesang in beiden ist laut, rund und kräftig. Wie Wellen im Meer wogt er durch den Raum, mal heller, mal tiefer, so schön, dass ich eine Gänsehaut bekomme. In der Dorfkirche weht der Wind durch die offenen Fenster. Der Bruder unserer Gastgeberin Tivo, der uns in seinem Pick-up mitnimmt, trägt ein weißes Hemd, ein schwarzes Sakko mit schwarzer Krawatte und dazu einen schwarzen Wickelrock mit Flipflops aus Plastik. Um die Hüfte trägt er eine Ta’ovala genannte Bastmatte, die zu formellen Anlässen umgebunden wird. Seine Stieftochter Luisa hat ein buntes Kleid an mit einer Art Ziergürtel, der Kiekie genannt wird. Die Stimmung ist festlich und zugleich ungezwungen. Luisas Hund Fiff läuft durch die Reihen, und ein Geschwisterpaar

Auf »Big Mamas Yacht« vor Pangaimotu steht »YOLO« geschrieben. Wir fühlen uns angesprochen, schwimmen hin, klettern rauf und springen runter.

WiFi
BIG MAMAS YACHT
VKF
08

zankt so lange, bis ihr Vater sie nach draußen bringt, wo sie noch ein paar Minuten weiter streiten. Wir verstehen kein Wort von der Messe oder von dem atemberaubenden Gesang, aber das macht nichts, denn es geht hier um Gefühle, nicht um Worte. Tongas Religionen sind vielfältig. Von Methodisten über Mormonen bis zur (Free) Church of Tonga gibt es etliche Konfessionen mit vielen und wenigen Anhängern, aber so ziemlich jede hat ihr eigenes Gotteshaus. Die Kirche nimmt einen hohen Stellenwert ein, der so nur vom Königshaus und der eigenen Familie erreicht wird. Zur Familie zählen übrigens alle noch so entfernten Cousins und Cousinen und auch enge Freunde der Familie, die weder angeheiratet noch blutsverwandt sind. Tongaer zählen alle Schwestern der eigenen Mutter ebenfalls als ihre Mütter und alle Brüder ihres Vaters als weitere Väter. Die älteste Schwester der Väter ist das Familienoberhaupt.

Bei einem Radausflug in den Westen der Insel lernen wir am Strand zwei Brüder kennen, die sich jedes Jahr einmal treffen. Ofa hat viele Jahre in Christchurch gelebt, musste nun aber zurück nach Tonga ziehen, um sich um seine Schwägerin zu kümmern. Seine Frau und sein Sohn leben noch in Christchurch, denn sein Sohn ist Autist und besucht eine Schule, aus der er ihn nicht herausreißen möchte, da er sich dort wohlfühlt und gut gefördert wird. Für die Familie bedeutet das, dass Ofa sie nur viermal im Jahr besuchen kann. Ofas Bruder und seine samoanische Frau leben im Norden Neuseelands, doch sie sind gerade zu Besuch. Gemeinsam wollen sie zum Grab ihrer Schwester fahren, das mit den Gräbern zweier weiterer Nonnen versteckt auf einer Wiese liegt. Auf dem Weg dorthin wollen sie bei den Mapu a Vaea Blowholes vorbeifahren. Ob wir nicht mitkommen wollen? Zwei Minuten später liegen die Räder auf der Ladefläche ihres Trucks, und wir sitzen daneben und verbringen einen wundervollen Nachmittag.

Ach, was sind wir doch froh, dass wir aus unserer Not eine Tugend gemacht haben. Ohne Visa-Run wären wir vermutlich nicht auf die Idee gekommen, Tonga kennenzulernen.

Alps 2 Ocean

Tag 1287, Kilometer 17106, Südinsel Neuseelands

POSITIV Die ständig wechselnde Landschaft, die Milchstraße über dem Benmore-See **NEGATIV** Ungemütliches Herbstwetter **GELERNT** Dem Wetterbericht nicht zu trauen

In Timaru, einer Hafenstadt im Süden, liegen die ersten 200 Kilometer hinter uns, und ich bin des Reisens schon wieder müde. Draußen ist es grau, nasskalt und windig, während bei unseren Gastgebern im Haus die Heizung auf Hochtouren läuft, damit der vier Monate alten Tochter Isla nicht kalt wird. Hanne backt Apfelstrudel mit Rosinen und Zimt, Ramon legt die Wäsche zusammen, und Roberto macht uns allen eine heiße Schokolade. Ich sitze dazwischen auf dem Boden, studiere die Karte und spiele mit Isla. Wir können uns nicht so recht aufraffen, und es ist Mittag, als wir uns endlich in die Sättel schwingen. Für gewöhnlich ist eine solch trübe Stimmung nach ein paar Kilometern im Sattel verflogen, aber diesmal hält sie sich recht hartnäckig über mehrere Tage. Die Frage aller Fragen drängt sich mir auf: Warum machen wir das überhaupt? Warum nehmen wir freiwillig dieses Wetter auf uns, die Strapazen und die Anstrengung? Hätten wir uns etwas mehr ins Zeug gelegt, hätten wir vielleicht unsere Visa verlängern, mit guter Planung sogar eine längere Aufenthaltsgenehmigung rausschlagen können. Statt mit steif gefrorenen Fingern und durchnässten Hosen gegen den Wind anzukämpfen, könnten wir wie Hanna und Ramon Jobs haben, von denen sich eine kleine Wohnung finanzieren ließe. Dort würden wir dann wohnen, den Ofen anfeuern, Instrumente lernen, malen, Kinder kriegen, Zimtschnecken backen und durch beschlagene Fensterscheiben hinaus ins Unwetter schauen.

Ein paar Tage später in Oamaru hält mir Roberto aufmunternd eine Broschüre unter die Nase. »Guck dir nur mal diese Bilder an! Die blauen Seen! Und die ganzen Wälder! Und das Wetter soll ab morgen doch auch schon viel besser werden!« Ihn hat das Wintertief verschont, er ist weiterhin Feuer und Flamme für den Alps 2 Ocean Radweg, auf den wir uns seit Wochen freuen und an dessen Endpunkt wir uns gerade befinden. Der Startpunkt liegt 300 Kilometer entfernt, im Aoraki/Mount Cook Dorf, nahe des gleichnamigen höchsten Berges des Landes. Es ist übrigens einer der wenigen Berge mit einem offiziellen Maori-Englisch-Doppelnamen. Wir haben beschlossen, den »A2O« andersherum zu fahren, quasi Alps 2 Ocean.

Die historische Altstadt von Oamaru lassen wir links liegen und erkundigen uns stattdessen nach dem Wetter. Regen und noch mehr Regen ist für die nächsten Tage angesagt. Ufff.

Geknickt steige ich aufs Rad, da legt sich plötzlich der kalte Wind, und die Sonne kommt heraus. Der Regen ist vorbei und würde – so viel vorweg – auch in den nächsten Tagen nicht wiederkommen. So gefallen mir die Falschinformationen doch. Mit jedem geradelten Kilometer hebt sich meine Stimmung. Die Strecke führt recht eben fernab von Straßen mitten durch die Natur. Einige Kilometer Railtrail sind auch dabei. Ich genieße den Weg. Über eine bunte Mischung aus geteerten Straßen, Feldwegen, Radwegen und Railtrails geht es hinauf durchs Farmland. Die Wege werden schmaler, steiler und immer holpriger, es geht bergauf und bergab. Ich bin hoch konzentriert und schwitze nicht schlecht. Es ist fast dunkel, als wir den Wald erreichen und ein kleines flaches Plätzchen zum Zelten finden. Mein Trübsinn ist wie weggeblasen.

Von nun an scheint die Sonne, und der Himmel ist strahlend blau. Ich bin beeindruckt davon, wie die Landschaft sich innerhalb weniger Tage permanent verändert. Wir radeln durch Felder, Dörfer, vorbei an den Elefantenfelsen, zwischen denen die »Narnia«-Filme gedreht wurden, und verbringen eine Mittagspause auf einem verlassenen Campingplatz am See, der mit seinen hinterlassenen Wohnwagen und Gartenzäunen nun einer Geisterstadt gleicht. An einem anderen See stellen wir das Zelt auf und bestaunen den Sternenhimmel vom Bootssteg aus. Es ist eine glasklare und friedliche Nacht, und nur die Fische unterm Steg planschen in der Stille. Die Milchstraße glitzert wunderschön, und die Sterne funkeln um die Wette. Was für eine Nacht!

Als wir ungeduscht nach einem bohnenlastigen Abendessen mit mehreren Knoblauchzehen in den Federn liegen und die Luft im Zelt verpesten, wissen wir, dass das Liebe sein muss, einander in diesem Zustand auszuhalten.

Die körperliche Anstrengung, die viele frische Luft und die Natur tun mir gut, ich bin ausgeglichen, motiviert und freue mich sogar auf den größten Berg, den längsten Anstieg und den höchsten Punkt des Weges. Und alle drei stehen heute auf dem Programm.

Ich bin schon ziemlich platt, als wir die breite Schotterstraße verlassen und rechts auf einen kleineren Radweg abbiegen. Es geht durch tiefes trockenes Gras über eine weite Ebene, doch der Weg ist platt gefahren, und wenn wir es schaffen, genau in der Spur zu bleiben, streifen wir nur wenig Gras und Steine. Durch einige kleine Bäche können wir radeln, durch andere müssen wir schieben. Gut, dass da jemand vor uns ein paar Felsbrocken in den Weg gelegt hat, über die man gut balancieren kann.

Die Ebene zieht sich fast endlos hin, und ganz am Ende glitzern die schneebedeckten Kuppen der Südalpen. Die Wolkendecke hat sich zugezogen, was dem Ganzen einen recht dramatischen Eindruck verleiht. Und mittendrin sind wir. Ganz allein. Ich schwebe vor Glück.

Wir radeln kurz durch die savannenartige Landschaft, dann geht es langsam bergauf. Erst flach, dann immer steiler geht es in engen Kehren über faustgroße Felsbrocken hinweg. Es ist, als radle man eine Gerölllawine hinauf. Es ist so steil, dass ich so manches Mal hinten übergefallen wäre, wenn mich der schwer bepackte vordere Gepäckträger und die Lenkertasche nicht fest am Boden gehalten hätten. Immer wieder rutschen mir Vorder- oder Hinterrad weg, und ich muss anhalten, mich neu sortieren und auf dem steilen Geröll neu anfahren. Für Mountainbiker muss das hier eine wahre Freude sein. Doch so anstrengend es auch ist, das Abenteuer macht einen Heidenspaß, und mit jedem Stopp drehe ich mich um und genieße den Blick, die Luft und den Wind.

Vom höchsten Punkt aus können wir über die ganze Ebene blicken. Zur Linken liegen in der Ferne die schneebedeckten Gipfel um den Aoraki/Mount Cook, geradeaus liegt der Ohau-See mit der Ban-Ohau-Bergkette dahinter, über die gerade die letzten Sonnenstrahlen fallen. Weiter rechts erstreckt sich eine riesige Ebene, und dahinter am Horizont prangen die dunkelgrauen Berge mit den hellgrauen Kuppen.

Unser Weg führt uns nun einige Höhenmeter hinunter bis zum Ohau-See, den wir bis Sonnenuntergang erreichen wollen. Doch auch bergab reißen wir nur Spitzengeschwindigkeiten von zehn Stundenkilometern. Für mehr ist es mit unseren Reiserädern einfach zu felsig und zu rutschig. Ich will den Lenker so weit außen wie möglich festhalten, um die Kontrolle über die schweren Vordertaschen in diesem Terrain zu behalten, doch gleichzeitig muss ich die Finger an beiden Bremsen und den Schalthebeln haben. Schnell wird uns klar, dass es mit dem See heute nichts mehr wird. Stattdessen stellen wir das Zelt auf einer einigermaßen flachen Stelle mit Grasbüscheln und Gestrüpp auf, die gerade groß genug für das Zelt ist. Nicht ideal, aber wir können um diese Tageszeit nicht mehr wählerisch sein. Und der Blick macht die schräge Lage mehr als wett.

Kaum schließe ich die Zelttür, da prasseln auch schon die ersten Regentropfen aufs Dach. Der Regen hält bis zum Mittag des nächsten

Auf der letzten Etappe des Weges erwartet uns ein Highlight: ein (sehr kurzer) Hubschrauberflug (oben)! Blick hinunter zum Ohau-See (unten).

Weit ist es nicht mehr, wir radeln direkt auf den Aoraki/Mount Cook zu und freuen uns bei diesem Blick, Alps 2 Ocean zu radeln statt andersherum.

Tages an, und Roberto bekommt einen gewaltigen Hüttenkoller im Zelt. Wir packen das Zelt gerade wieder ein, als uns völlig unerwartet ein bärtiger Mann mit Wanderstock in die Arme läuft. Xaver heißt er, kommt aus Nürnberg und ist genauso überrascht über unsere Anwesenheit wie wir über seine. Er erwandert die Südinsel und folgt dem Te-Araroa-Track, der das komplette Land kreuzt. Xaver ist sehr bescheiden. Auch nach über einem Monat und fast der Hälfte des Weges hält er sich noch immer für nicht besonders wandererfahren. Die halbe Strecke hinunter zum See laufen wir gemeinsam. Ganze sieben Kilometer haben wir heute geschafft. Unten angekommen, liegt am Ufer die Lake-Ohau-Lodge, ein hübsches Hotel für erholungssuchende Naturfreunde. Ein Zimmer würde unser Budget sprengen, und auch ein Zeltplatz kostet stolze 30 Dollar. Die Kosten beinhalten allerdings die Benutzung der Annehmlichkeiten des Hotels inklusive zwei heißer Outdoor-Whirlpools mit Blick über den See bis zum Aoraki/Mount Cook. Theoretisch zumindest. Uns macht eine lange graue Wolke einen Strich durch die Rechnung.

Über eine kleine Nebenstraße gelangen wir nach Twizel, einer touristischen Kleinstadt, die Ausgangspunkt für Touren zu den Schauplätzen der Fantasy-Filmreihe »Herr der Ringe« ist. Außerdem macht man hier seine Einkäufe für die Tour zum Aoraki/Mount Cook, denn dort oben gibt es keine Läden.

Wir starten mit einem Besuch im Touristeninformationszentrum, denn wir wollen wissen, wie es wettermäßig in den nächsten Tagen aussieht. Regen. War ja klar. (So viel vorweg: wieder Fehlalarm. Es bleibt trocken.)

Außerdem müssen wir die weitere Strecke für die letzten eineinhalb Tage planen. Der offizielle Radweg verläuft entlang der Ostseite des Pukaki-Sees und des Tasman-Flusses auf kleinen Wegen. Die Autostraße und das Dorf hingegen liegen auf der Westseite. Eine Brücke, Seilbahn oder Fähre gibt es nicht. Die offizielle Routenbeschreibung sieht einen nicht ganz billigen Helikopterflug vor. Endlich lohnt es sich, dass wir die Strecke falsch herumfahren, denn wir können uns einen Hubschrauber mit einer Gruppe teilen, die in die andere Richtung fliegt. Auch dieser Sonderpreis ist noch weit über unserem Budget, doch der Alps 2 Ocean hat es uns angetan, und um nichts in der Welt würden wir das letzte Stück des Weges verpassen wollen.

Wir übernachten im molligwarmen Wohnzimmer von Shell und Stu, die wir auf dem Weg hinauf zum höchsten Punkt kennengelernt haben. Die beiden sind selbstständig und organisieren Transport, Mieträder und Übernachtung für A2O-Touristen. Gemeinsam sehen

Die wilden Südalpen Neuseelands sind ein Traum für Wanderer (oben). In der Pukaki-Ebene treffen wir doch tatsächlich ein zweites Mal auf Xaver (unten).

wir uns das Cricket-Halbfinale im Fernsehen an (Neuseeland gewinnt knapp gegen Südafrika) und verbringen einen gemütlichen Abend. In einem Nebensatz erzählt Shell am nächsten Morgen, dass gestern ihr 25. Hochzeitstag war. So unkompliziert und »down-to-earth« sind wirklich nur die »Kiwis«.

Am Vormittag geht es durch die trockene Pukaki-Ebene, und zum ersten Mal ist auch der Aoraki/Mount Cook wolkenfrei. Hier treffen wir wieder auf einen Wanderer und können es kaum glauben: Es ist Xaver! Wer als Radler einen Wanderer zweimal trifft, der ist wirklich langsam unterwegs. Xaver kommt einige Wochen später übrigens gesund und zufrieden am nördlichen Ende des Wanderweges an.

Die Ebene geht zu Ende, wir erreichen den türkisblauen See. Nun geht es wieder bergauf und bergab, vorbei an flachen Lichtungen mit Blick auf See und Berge. So viele potenzielle Zeltplätze! Doch es ist noch viel zu früh, um Feierabend zu machen. Auf dem Schotter fahren fühlt sich ein wenig an wie Aquaplaning. Die Räder wobbeln irgendwie unter uns herum, und ich versuche nur, das Gleichgewicht im Sattel zu halten und gleichzeitig voranzukommen. Immer wieder haben wir freien Blick auf den Aoraki/Mount Cook. Es wird noch richtig sonnig. Als es fast dämmert, entdecken wir auf einer Wiese einen Picknicktisch. Daneben – irgendwo im Nirgendwo – ein mobiles Toilettenhäuschen samt Papier. Auch das ist Neuseeland: Wildnis erleben, ohne sie zu zerstören. Wir stellen unser Zelt daneben.

Am folgenden Morgen sitzen wir bei Sonnenaufgang wieder auf den Sätteln. 20 Kilometer fehlen noch bis zum Tasman-Punkt, wo der Hubschrauber um 11 Uhr landen wird. Bald nimmt die Schotterstraße ein Ende. Roberto radelt schnurstracks in die einzige Matschpfütze weit und breit, und der Dreck klebt so fest an Reifen und Schutzblechen, dass wir das Rad in den Fluss tragen und waschen müssen.

Dort füllen wir auch unsere Wasserflaschen mit Gletscherwasser auf. Es hinterlässt einen Geschmack im Mund, als hätten wir auf Felsblöcken herumgekaut.

Die Wasch-Prozedur nimmt so viel Zeit in Anspruch, dass wir uns hinterher noch richtig sputen müssen. Der kleine und ebene Rad- und Wanderweg wird schmaler, und es geht über Wurzeln und Steine. Wir treten trotzdem ordentlich in die Pedale. Die Ausblicke werden

Mit so einer improvisierten Brücke sind die Bachüberquerungen schnell gemeistert (oben). Auch eine Art, schnell an Höhenmetern zu verlieren (unten).

Auf dem Weg zum höchsten Punkt des Weges radeln wir durch eine weite Graslandschaft.

immer spektakulärer, denn auch heute haben wir statt des angekündigten Regens beste Sicht auf den Aoraki/Mount Cook. Roberto fährt vor, und ich rumple ihm, so schnell ich kann, hinterher. Das Rad habe ich nur bedingt im Griff, aber immerhin kann ich den einzigen Bach, über den noch keine Brücke führt, trockenen Fußes überqueren.

Um 10.50 Uhr erreiche auch ich den Tasman-Punkt. Der Wind weht uns fast die Kapuzen vom Kopf, während der Hubschrauber landet. Mark, unser Pilot, hilft uns, die Taschen einzuräumen, und schon sitzen wir im Helikopter. Zweieinhalb Minuten dauert der Flug. Normalerweise wäre es noch schneller geschafft, aber da es für uns beide der erste Hubschrauberflug ist, dreht Mark noch eine kleine Extrarunde über dem Fluss, sodass wir die Täler, Berge, Gletscherseen und den Fluss gut sehen können. Unsere Räder holt er aus Versicherungsgründen in einem zweiten Flug ab. Sie werden in eine Gitterbox verfrachtet und unter dem Helikopter hergezogen.

Wir sind völlig überdreht. Was für ein Abenteuer am frühen Morgen! Die letzten sieben Kilometer am Dorf vorbei zum Whitehorse Campground führen uns noch mal bergauf über Kiesel durch trockenes Grasland, dann haben wir es geschafft. Der Alps 2 Ocean liegt hinter uns, der Aoraki/Mount Cook direkt vor uns, und wir sind um eine großartige Erfahrung reicher.

Zeltstraße im Paradies

Tag 1349, Kilometer 19 388, Oahu, Hawaii, USA

POSITIV Man kann Aloha zur Begrüßung sagen, und es ist total normal **NEGATIV** Wir schaffen es nicht, »Humuhumunukunukuāpua'a« auszusprechen, den Namen des hawaiianischen Staatsfisches **GELERNT** »Onu« heißt lecker, und »Mahalo« heißt danke

Hawaii klingt paradiesisch. Schon allein Baströcke, Sand, Wellen, Hula, Surfbretter, Cocktails, Blumenketten, Ukulele-Musik, bunte Fische und frische Ananas sind die lange Anreise wert. Alle Flüge von Neuseeland nach Alaska legen in Honolulu eine Zwischenlandung ein. Und wenn wir schon einmal da sind, bleiben wir gleich ein bisschen länger. Doch nicht alles ist Sonnenschein im Urlaubsparadies. Die Realität trifft uns gleich nach Ankunft.

Es ist 1 Uhr morgens, wir haben einen neuen Stempel im Pass, die Räder sind montiert, und wir suchen uns ein günstiges Motel für den Rest der Nacht. Denkste! In Flughafennähe finden wir nichts dergleichen. Also halten wir uns ohne Karte einfach südöstlich und radeln bald kreuz und quer durchs nächtliche Honolulu.

Es gibt zum Glück viele Radspuren, und auch die Gehwege sind an Kreuzungen barrierefrei abgesenkt, was uns mit den bepackten Rädern sehr gelegen kommt. Wir sind müde und überwältigt von den vielen neuen Eindrücken und müssen nach zwei Jahren Linksverkehr in Thailand, Malaysia, Singapur, Indonesien, Australien und Neuseeland höllisch aufpassen. Alles ist verwirrend.

In Chinatown biegen wir in die »North Hotel Street« ab, doch auch hier gibt es nicht eine einzige Unterkunft. Was wir allerdings sehen, sind viele, viele Obdachlose, die Planen aufgespannt haben, unter denen sie, vom Nieselregen geschützt, die Nacht verbringen. Eine Stunde später radeln wir an einer Straße voller Zelte und noch mehr Planen vorbei. Wir überlegen, ob wir unseres einfach dazustellen sollen, doch trauen uns nicht so recht. Bei Reisebeginn haben wir einen Pakt geschlossen, nie etwas zu tun, bei dem einem von uns die Alarmglocken anspringen, auch wenn es keine klare Begründung dafür gibt. Wir haben ein schlechtes Bauchgefühl, sind einfach unsicher, angespannt und drehen uns ständig um. Wir wissen auch nicht, wie die ungeschriebenen Regeln einer Zeltstadt-Subkultur lauten und behalten die Zeltstraße nur als Notlösung im Hinterkopf (finden sie allerdings ohne Stadtplan nie wieder).

In der Gegend um den Ka'Ena-Punkt vergessen wir, wie touristisch Hawaii ist (oben). Es gibt so viele Sandstrände, dass manche sogar menschenleer sind (unten).

Um 3.45 Uhr haben wir ganze vier offene (aber volle) Hotels gefunden. Ein paar betrunkene Touristen torkeln durch die Straßen, und viele Obdachlose schieben ihre Karren vor sich her. Immerhin ist nicht viel Verkehr. Wir parken an einer Bushaltestelle und warten, bis die Sonne aufgeht. Roberto legt sich hin, ich lese und spiele Solitär auf unserem nutzlosen, nicht-smarten Handy.

Die nächsten beiden Nächte verbringen wir in Kailua an der Ostküste bei Travis und Chelsie von der Hawaiian Bicycle League. Die Sonne scheint, und wir baden im Meer und erkunden die Wanderwege in der Nähe. Die Schwierigkeiten unserer ersten Nacht scheinen plötzlich so weit weg.

Wir beschließen, heute wild zu zelten und am folgenden Tag zurück nach Honolulu zu fahren, wo wir eine Erlaubnis für einen Campingplatz kaufen wollen, was ohne Smartphone ein recht kompliziertes Verfahren ist. Den Nachmittag verbringen wir an einem Strand, der unter der Woche als Militärgebiet und am Wochenende als öffentlicher Badestrand fungiert. Ständig werden wir vor Diebstahl gewarnt. Daher lassen wir die Räder nie aus den Augen. Auch wenn das bedeutet, dass immer nur einer von uns ins Wasser kann, während der andere auf Räder und Gepäck aufpasst.

Am frühen Abend schieben wir gen Süden durch den Sand, bis wir den Sherwood Forest erreichen. Hier stehen einige Zelte obdachloser Menschen, die den Wald zu ihrem Zuhause erkoren haben. Roberto bleibt bei den Rädern, und ich erkunde das Gelände zu Fuß. Zwei Männer, die hier im Wald wohnen und vom Fischen leben, sagen mir, es sei kein Problem, wenn wir unser Zelt einfach dazustellen. Kontrollen gäbe es fast nie.

Wir bauen gerade das Zelt auf, da kommt Jim, der 5-Cent-Pfandflaschen sammelt, heißt uns willkommen und sagt, wir sollen uns ganz wie zu Hause fühlen. »Ich wohne da oben, falls euch jemand Probleme machen sollte.« Er deutet auf einen der Hügel. Wir fühlen uns wohl und sehr sicher. Mücken gibt es keine, das Rauschen des Meeres klingt durch die Zeltwand, und wir schlafen großartig.

Wir befinden uns schon in einer recht seltsamen Lage. Tagsüber sind wir radelnde Touristen auf der Suche nach Badestränden, und nachts sind wir genauso obdachlos wie Jim und die Menschen in der Zeltstraße.

Zurück in Honolulu treffen wir Scott, den wir über unsere neuen Bicycle-League-Freunde kennen. Mit seiner kleinen Jacht »Symphoon« nimmt er uns raus aufs Meer. Der Blick auf Waikiki, die Surfer, Kajaker, Schwimmer und Hotels ist außerordentlich. Scott erklärt uns, wie man gegen den Wind kreuzt, wofür die beiden Segel da sind, wann man welches Seil ziehen muss und wie die ganzen Geräte im Boot funktionieren. Da es in Honolulu mit dem Wildzelten etwas schwieriger und gefährlicher ist, bietet er uns an, die Nacht auf der im Hafen liegenden »Symphoon« zu verbringen. Wir sind hellauf begeistert und genießen die leichte Brise an Deck und die Aussicht auf die großen Hotels von Waikiki, bis das Schaukeln der Wellen und das Geklimper der Masten uns in den Schlaf wiegen.

Die ganze Insel Oahu ist nur knapp dreimal so groß wie der Bodensee. Die Umrundung dauert nicht lange, aber wir lassen uns Zeit, denn wenn man sich nach links und rechts umsieht, gibt es viel zu entdecken: Strände natürlich, Surferstädtchen, Essensstände, aber auch einheimische Tiere wie Mönchsrobben, Albatrosbabys und Meeresschildkröten. An der Nordküste gibt es einen kurzen Radweg, und am Ka'Ena-Punkt weiter im Westen müssen wir das Rad durch tiefen Sand schieben und es an einem weggespülten Teil des Weges über Felsbrocken umtragen.

Am letzten Tag radeln wir entlang einer ehemaligen Radroute durch das Städtchen Waipahu und verfahren uns gänzlich. Hühner und Katzen kreuzen den Weg, hohes Gras wächst in den Fugen. Wir fahren entlang der Rückseite einiger Wohnkomplexe und sehen nicht eine Menschenseele. Von den vollgestopften Balkonen hängen Kinderfahrräder, Spielzeug und große Müllbeutel voller Kleidung. Angestellte mit Mindestlohn oder Gastronomiemitarbeiter mit noch niedrigerem Einkommen können sich selbst mit zwei Jobs kein Apartment leisten, denn die Mieten sind hoch und der Mindestlohn niedrig. In den meisten Ein-Zimmer-Wohnungen lebt daher mehr als eine Person, oft auch ganze Familien. Da wird der Platz innen zum Wohnen und Schlafen genutzt. Der Balkon mit seinen »Mülltüten« fungiert als Outdoor-Schrank.

Ich denke an die Hotel Street und daran, dass die Menschen hier noch vergleichsweise gut dran sind. Wir sind froh, auch das andere Hawaii kennengelernt zu haben, bevor wir für eine Woche ins Kontrastprogramm wechseln. Mit Robertos Familie beziehen wir eine kleine Ferienwohnung, lernen surfen und SUPen, bummeln durch Waikiki Beach, schnorcheln zwischen Korallen und essen in Restaurants. Auch im Urlaubsmodus macht Hawaii Spaß.

Morgenstimmung auf der »Symphoon«. An dieses Bett könnte ich mich gewöhnen ... (oben) ..., aber auch an diesen unberührten Zeltplatz am Strand (unten).

Nordamerika

Falscher Elch

Tag 1388, Kilometer 19 868, Alaska, USA

POSITIV Die Weite – so beeindruckend! **NEGATIV** Ebenfalls die Weite – man ist so langsam **GELERNT** Morgens auf die Uhr zu gucken, bevor man um 2 Uhr aufsteht, weil es ja schon hell ist

Wir sind unterwegs in Alaska, etwa auf halber Strecke zwischen Anchorage und der Grenze zu Kanada. Dazwischen Nadelwälder, Sümpfe und Mücken. Wir radeln so dahin und unterhalten uns prächtig.

Die meiste Zeit haben wir die Straße für uns, nur ab und zu überholt uns ein Luxusliner, das ist ein Wohnmobil im XXL-Format samt Tiefkühltruhe, Breitbildfernseher und angehängtem Jeep. Die Straße ist in einem top Zustand, und es gibt einen breiten Seitenstreifen. Bei so viel Platz und Ruhe können wir endlich nebeneinander fahren und einander auch verstehen. Wir quatschen und singen und quatschen noch mehr. Das macht nicht nur Spaß, sondern hält auch die Bären fern.

In der Ferne steht ein Auto auf der rechten Spur. Es bewegt sich nicht, aber dennoch bin ich sicher, dass die Besitzer noch in der Nähe sind, denn es stöhnt jemand. Nach einer Verletzung klingt das nicht. Wir radeln langsamer und überlegen, was wir nun machen sollen. Stehen bleiben und abwarten, bis das Ganze zu Ende ist? Gas geben und schnell und unauffällig vorbeiradeln? Uns laut singend ankündigen und so tun, als hätten wir nichts gehört? Der Geräuschpegel schwillt weder an, noch ebbt er ab, er bleibt rhythmisch, aber monoton. Wer weiß, wie lange sich das noch hinziehen wird. Wir beschließen gerade, einfach Gas zu geben, als das Paar neben das Auto tritt. Vollständig bekleidet. Etwa einen Meter voneinander entfernt stöhnen sie in Richtung des Sees zu unserer Linken. Wir halten neben ihnen, folgen ihren Blicken und entdecken einen Elchbullen, der im See badet. »Das ist der Ruf der Elchkuh«, erklärt die stöhnende Frau, »damit kann man Elche anlocken.« Und tatsächlich gesellt sich bald noch ein zweiter Bulle dazu. Das Ganze ist aufregend anzusehen, doch es wird uns bald zu mulmig. In Alaska werden jedes Jahr mehr Menschen von Elchen verletzt als von Bären. Ohne Auto können wir lediglich auf Abstand gehen. Wir verabschieden uns also schnell von dem stöhnenden Paar und sehen zu, dass wir Land gewinnen. Erst später fällt uns auf, dass unsere gewaschene Unterwäsche zum Trocknen vom Gepäckträger hängt und das stöhnende Paar uns sicherlich für genauso sonderbar gehalten haben muss wie wir es.

In Glenallen haben wir freie Sicht auf den Wrangell-St.-Elias-Nationalpark (oben). Trotz des schönen Anblicks sehen wir zu, dass wir Land gewinnen (unten).

KLONDIKE KATE'S
RESTAURANT
KLONDIKE KATE'S
CABINS
PURVEYORS OF CLEAN ROOMS
POTABLE SPIRITS
& FINE FOODS
COVERED HEATED PATIO
THIRD AVE.
1100
OPEN

On top of the world

Tag 1394, Kilometer 20 278, Taylor Highway und Top of the World Highway, Alaska, USA und Yukon Territory, Kanada

POSITIV Zwei arktische Füchse und das Dörfchen Chicken **NEGATIV** Martines laute Luftmatratze, sich Mückenschutzmittel ins Gesicht schmieren zu müssen, das 98 Prozent DEET beinhaltet – einfach, weil sonst nichts hilft **GELERNT** Gold waschen und im Dreieck zelten

Der Taylor Highway ist sehr hügelig und selbst im Hochsommer kaum befahren. Ich komme auf der Schotterpiste immer langsamer voran, am Ende nur noch mit 3 bis 4,5 km/h. Das freut natürlich die Mücken. Eine setzt sich direkt auf mein Auge. Ich schlage zu. Auge schmerzt, Mücke lebt. Ich hatte schon bessere Ideen.

Als der Schotter glattem Asphalt weicht, wissen wir, dass wir den Top of the World Highway erreicht haben und dass es nur noch zehn Kilometer bis Boundary sind. Es geht rauf und runter, aber mit der nun kühleren Abendluft und dem glatten Asphalt ist alles gleich viel leichter. Wir sehen schon die zwei, drei Gebäude des Minidörfchens Boundary, als die ersten Tropfen fallen. Gerade so schaffen wir es. Martine wartet zwischen zwei Gebäuden auf uns. Die kanadische Radlerin ist in die gleiche Richtung unterwegs wie wir, und seit ein paar Tagen zelten wir zusammen. In einer völlig windschiefen Blockhütte, die als eine Art Museum dient, breiten wir unsere Schlafsäcke aus. Martine konnte niemanden finden, den sie um Erlaubnis fragen konnte, sagt aber, dass das Museum als Schlafplatz fast schon Tradition habe. 1926 wurde die Hütte von der Mining Community gebaut. Nun enthält sie Artefakte aus der guten alten Zeit. »Eintritt auf eigene Gefahr« steht an dem schiefen Pfosten. Leider rauben mir die Mücken und Martines extrem laut quietschende Luftmatratze den Schlaf. Gefühlte tausendmal dreht sie sich um, geht pinkeln, sucht irgendwas, dreht sich in die andere Richtung oder läuft gegen irgendetwas. Es rummst, als fiele die Hütte um uns herum ein.

Martine zieht trotz des Regens früh weiter, sie ist ausgeschlafen und motiviert. Wir holen lieber etwas Schlaf nach und gehen den Tag

Der Taylor Highway schraubt sich immer weiter hinauf (oben). Dawson City ist eine richtige Goldgräberstadt mit hölzernem Bürgersteig (unten).

gemächlich an. Auf dem Rückweg vom Plumpsklo treffe ich Tyler. Er ist der einzige Einwohner von Boundary und damit zugleich der Sheriff und Museumswärter. Und er freut sich immer über Besuch. Wir setzen uns auf einen Kaffee in sein Gewächshaus, er weiht uns in die wildesten Verschwörungstheorien ein und erzählt uns allerlei verrückte Geschichten von durchgeknallten »Nachbarn« (die teils 100 Meilen weit weg wohnen), von einem Japaner, der vor Kurzem auf dem Skateboard vorbeigesaust ist und von einer 20-köpfigen Radlergruppe, die komplett im winzigen Museum übernachtet hat.

Als der Regen aufhört, ziehen wir weiter. Die Grenze nach Kanada ist schnell passiert, und nach wenigen Hundert Metern erreichen wir den mit 1376 Metern höchsten Punkt des Highways. Hier soll es die beste Aussicht weit und breit geben. Wir sehen vor lauter Nebel die eigene Hand vor Augen kaum. Bald weicht der Asphalt erneut losem Kiesel, und der Regen setzt wieder ein.

Am ersten und einzigen Rastplatz des Tages machen wir Mittagspause. Wir sind beide klitschnass, komplett durchgefroren und ausgehungert. Das einzige Dach weit und breit ist einen Meter lang und schützt den Eingang des Plumpsklos. Wir kauern uns hin und knabbern ein paar Nüsse. Das Gute an der Kälte ist ja, dass keinerlei Gerüche aus dem Klo wabern.

Die Fahrt will nicht so richtig Spaß machen. Ich muss eine Weile schieben, um die Füße wieder aufzutauen. Der Weg ist steil, holprig und matschig. Rauf, runter, rauf, runter. Wir folgen dem Bergkamm und müssten eigentlich links und rechts großartige Blicke in die Täler haben. Doch der Nebel hält sich hartnäckig, und wir sehen nichts. Es geht steil hinauf und hinab, und unsere Laune hat sich schon den eisigen Temperaturen angeglichen, da hält ein kleiner Tourbus neben uns an. Ob wir mitfahren wollen, fragt der Fahrer. Uff, das Angebot reizt uns, doch wir sind zu stolz, um die letzten 60 Kilometer per Anhalter zu fahren. Außerdem wollen wir noch die lange Abfahrt nach Dawson City genießen. Der Busfahrer ist selbst leidenschaftlicher Tourenradler und versteht das gut. Mittlerweile sind seine Fahrgäste neugierig geworden. Die ersten Köpfe ragen aus der Bustür. Deutsche Touristen sind es! Sie fragen nach dem Woher und dem Wohin. Wie lange schon? Wie lange noch? Ein netter Mann bietet uns zwei Äpfel an, und ehe wir uns versehen, steht die halbe Busladung auf der nassen Piste, beschenkt uns mit Brot, Getränken und sogar mit frischem Obst, das hier im hohen Norden ein Luxusgut ist. Es ist ein bisschen wie Weihnachten im Juli, und das Wetter passt auch. Wir sind ganz aus dem Häuschen, und genauso ergeht es den Touristen.

Das Museum von Boundary sieht von vorne aus wie eine stabile Blockhütte (oben). Nach einer kurzen Einführung dürfen wir selbst Gold waschen (unten).

Auf einem ebenen Stück Schotter richten wir uns für die Nacht ein. Man solle sein Essen, mit Essen bekleckerte Kleidung und überhaupt alles, was nicht geruchsneutral ist, in einem bärensicheren Container in einen hohen Baum hängen, hieß es immer. Nun passt weder all das Zeug in unseren kleinen Bärencontainer, noch gibt es weit und breit einen Baum. Stattdessen zelten wir »im Dreieck«. Essplatz, Zelt und Lager für Dinge mit Geruch befinden sich dabei möglichst weit auseinander, wobei das Zelt so im Wind steht, dass der Duft aus dem Lager es nicht erreichen kann. Was wir nicht wissen: Martine übernachtet nur wenige Kilometer vor uns.

Nach einem deftigen Frühstück starten wir in den nächsten Tag mit jeder Menge Energie. Zum Schluss sausen wir lange bergab und kommen ziemlich zerzaust und durchfroren an der Yukon-Fähre an. Die dunklen Regenwolken sind nun endlich blauem Himmel gewichen, es ist trocken und warm, und das würde auch noch einige Tage so bleiben.

In Dawson City treffen sich Yukon und Klondike, die beiden legendären Flüsse Nordamerikas; dies als Info für Jack-London-Fans, dessen Kabine übrigens hier nachgebaut wurde, zur Hälfte mit den Original-Baumstämmen. Aus der anderen Hälfte wurde eine weitere Nachbildung in seiner Heimatstadt in Kalifornien. Lange Zeit war Dawson City Hauptstadt des Yukon-Territoriums und bekannt als Goldwäscher-Kapitol. Heute ist die Wildwest-Stadt beliebt bei Touristen. Sogar einen Saloon mit Cancan Show gibt es. Dawson City ist Austragungsort eines jährlichen Goldwäscherturniers, des »Cheechako«-Wettbewerbs, der auch blutige Anfänger zulässt. Wir melden uns spontan an, bekommen eine kurze Einweisung und üben dann, schwungvoll nach und nach den Sand über den Tellerrand rauszuspülen und dabei das Gold unten absinken zu lassen. Im Wettbewerb finden sowohl Roberto als auch ich sieben von acht Goldfitzelchen in unseren Haufen Dreck. Roberto ist dabei sehr fix und gewinnt prompt die Bronzemedaille. Dafür ertrage ich am Abend tapfer die Zulassungsprüfung des Sourtoe Cocktail Clubs, die darin besteht, einen Schnaps aus einem Glas zu trinken, in dem ein menschlicher Zeh schwimmt. Eine Mutprobe. die schon seit meiner Kindheit auf der Bucket-Liste steht. Ich bitte, hieraus keine Schlüsse auf meine Erziehung zu ziehen, denn ich war einfach fasziniert von einem Reiseerlebnisbericht, dessen Autor die Prüfung ebenfalls gemeistert hat. Der Norden Kanadas mit seinen eher außergewöhnlichen Traditionen gefällt uns auf Anhieb. Und von hier aus wollen wir zunächst noch weiter in Richtung Arktis radeln.

Die kreisende Chipstüte

Tag 1404, Kilometer 20692, Dempster Highway, Yukon Territory, Kanada

POSITIV Den unglaublichen Zusammenhalt unter Dempster-Reisenden; aber auch, dass man manchmal unterwegs stundenlang keiner Seele begegnet **NEGATIV** Das unberechenbare Wetter **GELERNT** Traditionelle Spiele der Inuvialuit und Beerenkunde mit einer Nihtat-Gwich'in-Führerin

Der Ofen bollert, selbst das dicke nasse Scheit brennt, und langsam wird es gemütlich in der Küchenhütte. Lange haben wir überlegt, ob wir das Feuer entfachen sollen, denn das Ofenrohr ist rostig. Zum Glück haben wir einstimmig entschieden, es darauf anzulegen. Wir, das sind neben Roberto und mir noch unsere drei Mitstreiterinnen in der kanadischen Wildnis: Denise und Luzia aus Deutschland sowie Martine aus Quebec, Kanada. Seit ein paar Tagen radeln und zelten wir nun schon zu fünft. Was als Zweckgemeinschaft begann, um Bären und Elche auf Abstand zu halten, endet in einer Freundschaft.

Der Dempster Highway, das ist eine 740 Kilometer lange Einbahnstraße ohne Asphalt, die kurz hinter Dawson City beginnt und durch die nordische Tundra und borealen Nadelwald über Permafrostboden in Richtung Arktis führt. Es geht durchs Yukon-Territorium und die Nordwest-Territorien. Insgesamt dreimal überqueren wir die Kontinentale Wasserscheide und einmal den Polarkreis, bevor der Dempster bei 68°21'N in Inuvik endet. Keine 80 Kilometer Luftlinie vor der Beaufortsee. Auf dem Weg liegen der Tombstone Territorial Park, zwei Dörfchen und ein Hotel. Tsiigehtchic zählt etwa 150 Einwohner und liegt auf altem Boden des indigenen Volks der Gwichya Gwich'in. Viele Bewohner leben auch heute noch vom Jagen, Fischen und Fallenstellen. Fort McPherson kommt auf 900 Einwohner und hat neben zwei Läden, einer Tankstelle, einem Motel und einer kleinen Landebahn sogar ein Café. Bekannt ist das Dorf für seine Segeltuch- und Zeltfabrik. Die Region ist Heimat für Karibus, Stachelschweine, Elche, Füchse, Eulen, Luchse, Dall-Schafe, ein paar wilde Pferde, Wölfe, Grizzly- und Schwarzbären sowie Steinadler.

Martine, die heute hinten radelt, hält ein Auto an und trägt der Fahrerin eine Nachricht auf. Sie soll allen vier Radlern, die sie auf den nächsten 30 Kilometern sieht, sagen, dass wir uns am Engineer-Creek-Staatscampingplatz treffen. Es ist Regen vorhergesagt, und eine Fahrt durch Matsch wollen wir um jeden Preis vermeiden. Die

Der Dempster ist anspruchsvoll,
aber landschaftlich wie
kulturell absolut einzigartig.

Autostopp-Post funktioniert wunderbar, und kaum eine Stunde nachdem wir alle fünf eingetroffen sind, prasselt es auch schon los. Dank Martines gutem Riecher sitzen wir den Regen in der trockenen Küchenhütte aus.

Es ist Juli, und gestern konnten wir noch bis spätabends im T-Shirt radeln. Nun hat es sich auf 5 °C abgekühlt. Im hohen Norden Kanadas ist das Wetter manchmal unvorhersehbar, und wir sind heilfroh über den Vorrat an Feuerholz vor Ort. Die allgemeine Stimmung verbessert sich schlagartig mit dem Knistern des Holzes. Denise stellt einen Topf Wasser auf die Küchenhexe. Tee haben wir zwar keinen mehr, aber dafür noch einen Rest Milchpulver und Honig. Das wird die Kälte schon vertreiben.

Mein Magen knurrt. Wir haben viel zu eng kalkuliert und nicht mit einer Zwangspause gerechnet. So richtig pappsatt waren wir seit Dawson City nicht mehr. Unsere drei Mitstreiterinnen haben da etwas großzügiger geplant. Martine scheint in ihren vollgestopften Packtaschen einen endlosen Vorrat ihrer Lieblings-Tortilla-Wraps versteckt zu haben, die sie kalt und trocken verputzt. In Eagle Plains, 175 Kilometer weiter nördlich, wartet bereits die zweite Hälfte unseres Proviants auf uns. Motorisierte Touristen haben sie in Dawson City mitgenommen und im Hotel von Eagle Plains abgegeben, wo unsere Köstlichkeiten nun für uns aufbewahrt werden. Ein Service, der von der Touristeninfo organisiert wird. Beim Gedanken an gefriergetrocknete Spaghetti Bolognese läuft mir das Wasser im Mund zusammen. Gefriergetrocknetes Essen ist leichter, unverderblich und viel günstiger als frisches Obst und Gemüse. Als ich vor wenigen Wochen in Anchorage im Supermarkt eine 60er-Packung Müsliriegel und 20 Tütenessen in den Armen hielt, hat Roberto mich noch für verrückt erklärt. Nun sind alle Müsliriegel leer, die Packtaschen luftig leicht, und sogar das Milchpulver neigt sich dem Ende zu. Getrocknete Erdbeerscheiben gibt es noch ein paar, dann ist Schluss. Aus, Ende im Gelände.

Draußen hören wir ein Motorengeräusch. Ein schlammbeschmiertes Wohnmobil quält sich durch die Einfahrt, die mittlerweile zu einem kleinen See geworden ist. Susan und John aus Wisconsin sind zurück! Die Straße sei auch mit Allrad kaum befahrbar, berichtet Susan. Vor einigen Stunden haben sie bereits hier pausiert, sind dann weiter zum Polarkreis gefahren und wollten uns auf dem Rückweg ein paar Snacks aus Eagle Plains mitbringen. Unser Geld hat für fünf Snickers und zwei Tüten Chips gereicht. Luzia öffnet eine Tüte, nimmt sich genau einen Chip und reicht die Tüte weiter zu mir. Ich tue es ihr

Nördlich des Polarkreises halten wir Ausschau nach Karibus (oben).
Geschafft! Wir sind in Inuvik angekommen (unten).

nach, und so kreisen beide Tüten, bis sie leer sind und wir fünf uns mit immer noch knurrendem Magen, aber weitaus zufriedener, die Finger ablecken.

Die Stunden vergehen, auch Luzia und Denise gehen die Vorräte aus. Sollte der Regen andauern und uns alle in eine Nahrungsmitteldürre treiben, beschließen wir, dass zwei von uns zum Einkaufen nach Dawson und zurück trampen.

Nur ein weiteres Wohnmobil kommt heute vorbei. Ob wir noch irgendwas brauchen, fragen die Fahrer beim Abschied, Wasser vielleicht oder Essen. Beim Wort »Essen« drehen sich vier Köpfe erwartungsvoll in Richtung Tür. Martine kaut derweil Tortillas. »Lasst mich mal sehen, was ich noch übrig habe«, verspricht Wilf, verschwindet in den Regen, und kurz darauf kommen die beiden mit einer ganzen Box voller Leckereien wieder. Das ist die Notration für den Fall. dass sie stecken bleiben. »Ach, die paar Kilometer zurück nach Dawson sind gut befahrbar«, beschwichtigt Wilf, wir sollen uns bedienen. Wir glotzen erst einmal ganz ungläubig. Dann brechen wir in Jubel aus und lassen die beiden hochleben. Weihnachten im Juli.

Bald füllt sich die Hütte weiter. Hobby-Ornithologin Emily aus Alberta fährt den Dempster mit einem 30 Jahre alten VW Scirocco hinauf. Auch sie traut sich noch nicht so recht durch den Matsch. Dazu kommen Sheriff Justin und Feuerwehrfrau Laura, die in ihrer Heimatstadt in Colorado mit Motorrädern gestartet sind. Zwei Geologinnen, die in der Nähe arbeiten, haben sich für eine Woche häuslich eingerichtet. Es wird ein richtig gemütlicher Abend. Justin kramt einen Wasserschlauch voll Wein heraus, Emily steuert heiße Schokolade mit Whiskey bei, und wir teilen die neu erworbenen Crackers mit Erdnussbutter. Der Kamin bullert, und wir erzählen Geschichten.

Nach gut 36 Stunden hört der Regen um 5 Uhr morgens endlich auf. Roberto watet am Vormittag durch den neu entstandenen See zur Straße und hält Autos und Motorräder an, um nach der Beschaffenheit der langsam trocknenden Straße zu fragen. Nachmittags wagen wir die Weiterreise, zunächst entlang des Flusses, dann auf einem langen Bergkamm durch die Tundra. Wir sind bis nach Mitternacht unterwegs, und in der tiefen Mitternachtssonne glänzt die Oglivie-Bergkette cremefarben. Hier hat sich seit vielen Jahrtausenden landschaftlich nichts getan, denn selbst während der Eiszeit war es so trocken, dass die Gegend eisfrei blieb. Bei Kilometerstein 260 hat Emily zehn Liter Wasser für uns abgelegt. Neben dem Kanister liegen zwei Dosen Bier im Gestrüpp. Ach Emily, du Gute! Es ist fast 3 Uhr morgens, als wir die Zelte beim zweiten Wasserdepot ins Gestrüpp stellen. Die Sonne geht langsam unter (und auch gleich wieder auf), und wir sind völlig durchgefroren.

Der nächste Tag startet sonnig. Der Matsch ist in der Zwischenzeit angetrocknet, und wir können in den tief eingegrabenen Spuren der Lkws fahren, was nicht ganz einfach ist. Dass hier zwei Tage zuvor zwei Wohnmobile durchgekommen sind, können wir kaum glauben. Unter dem Matsch ist die Straße extrem holprig, und wir werden durchgeschüttelt. Dazu geht es immerzu bergauf und bergab. Es regnet immer wieder, dann ist es wieder heiß.

Wir ziehen unsere Regensachen an und dann wieder aus und wieder an und wieder aus. Als der letzte lange Anstieg auf uns zukommt, bin ich völlig platt. Der tiefe Kiesel ist rutschig wie eine Eisfläche. Über acht Stunden reine Fahrzeit verbuchten wir heute, um knapp 92 Kilometer zurückzulegen. Dann ist es um 20.10 Uhr geschafft. Vor uns liegt Eagle Plains, die erste von Menschen bewohnte Siedlung seit unserem Start in Dawson City. Einwohnerzahl: acht.

Es gibt einen Campingplatz mit Duschen, unbezahlbare Hotelzimmer und ein Restaurant. Seit Tagen sind die Hamburger hier Gesprächsthema Nummer eins. Wir lehnen die Räder samt Taschen an eine Bank und stürzen ins Restaurant. Geschlossen. Hier macht die Küche bereits um 20 Uhr zu. Ich stehe kurz vorm Nervenzusammenbruch. Bevor ich in Tränen ausbrechen kann, kommen uns Denise und Luzia entgegen. »Wir haben bis acht gewartet und dann einfach mal für euch mitbestellt, die Burger dürften bald fertig sein.« Ich grinse über beide Ohren. Das ist wahre Freundschaft. Da haben die beiden allen Ernstes mit dem Essen auf uns gewartet!

Kurz darauf kommt auch Martine, der 500 Meter vorm Ziel ein Schwarzbär über den Weg gelaufen ist. Ein paar Minuten lang hört man nur kauen, schmatzen und schlürfen, dann sind alle Burger und Pommes verschlungen, und wir halten uns selig die Bäuche. So gut gestärkt würden die restlichen 369 Kilometer bis nach Inuvik sicher ein Klacks werden.

Schneemann im August

Tag 1442, Kilometer 22120, Alberta, Kanada

POSITIV Traumhafte Landschaften **NEGATIV** Wildes Zelten ist verboten
GELERNT »S'mores« überm Feuer rösten
(Kekssandwich mit Schokolade und Mäusespeck)

Der Icefields Parkway führt uns 250 Kilometer lang durch die kanadischen Rockies von Jasper nach Lake Louise. Die Strecke ist der wohl touristischste Teil Kanadas, den wir besuchen, und die Landschaft ist ein Traum. Weiße Gipfel, glasklare wilde Flüsse, Bären und Elche, ein smaragdgrün-türkiser See und ein Eisfeld mit mehreren Gletschern sind Gründe für ausgebuchte Campingplätze entlang des Weges. Es ist Sommer, und wir radeln im T-Shirt. Ein paar Kanadier springen von Felsen in Seen und raften durch eisiges Wildwasser.

Wir lassen uns Zeit, lehnen immer wieder die Räder an und gehen zu Fuß weiter zu einem Wasserfall, einem Wanderweg oder einem Aussichtspunkt.

Am zweiten Tag geht es auf etwa 2000 Meter Höhe. Um uns herum tut sich eine beeindruckende Bergwelt auf mit Gletschern zu allen Seiten, einer reicht fast bis zu uns heran. Hier steht auch das Icefields Centre, in dem man Touren buchen und Informationen zu Wanderungen bekommen kann.

Nur einen Kilometer später erreichen wir den Icefields Campingplatz, den einzigen Platz nur für Zelte. Kurz nachdem wir uns schlafen legen, fängt es an zu regnen und hört auch bis zum nächsten Morgen nicht auf. Wir flüchten in einer Regenpause in die Küchenhütte und kochen Tee. Als das Getropfe auf dem Dach aufhört, drehe ich mich verwundert zur Tür, wo nun dicke Schneeflocken fallen. Schnee im August? So etwas gibt's wohl nur hier oben in den Rockies.

Und jetzt bin ich froh über unsere spontane und flexible Art zu reisen. Denn statt uns mit abgefrorenen Fingern über glatte Straßen zu quälen und dabei vor lauter Schneeflocken nichts von der Aussicht zu haben, legen wir einen Pausentag ein, sitzen gemütlich in der warmen Küchenhütte, freunden uns mit den Nachbarn an, machen eine Schneeballschlacht, spielen Karten, bauen einen Schneemann (es wird eher ein Schneebär), wandern ein wenig und essen noch viel mehr Marshmallows. Wir genießen einen großartigen gemütlichen Winter-Wunderland-Tag bei gut zehn Zentimetern Schnee und freuen uns unseres Lebens.

Am nächsten Morgen ist viel Schnee schon weggeschmolzen. Die Berge sind weißer als am Vortag. Wir radeln und wandern unter blauem Himmel durch verschneite Landschaften. Das Eisfeld selbst, das Highlight und der Namensgeber des Icefields Parkways ist, sehen wir dabei nur aus der Ferne. Für uns war die Schneeballschlacht das große Highlight.

Die Küchenhütte teilen wir uns mit den Zeltnachbarn Shawn und seinem Sohn Buster. Da es keine Tür gibt, wird es auch nie wirklich warm.

Spitzenküche aus dem Campingkocher

Tag 1501, Kilometer 24156, Nordkalifornien, USA

POSITIV Hiker-/Biker-Campingplätze, Strände, »Breakfast Burritos«, Natur, die Avenue of the Giants **NEGATIV** Nachts müssen wir alle Nahrungsmittel waschbärensicher verstecken **GELERNT** Kalifornien ist groß; von Nord nach Süd ist der Bundesstaat 355 Kilometer länger als ganz Deutschland

Die Pacific Coast Bicycle Route folgt der Westküste der USA von der Grenze zu Vancouver, Canada bis nach Tijuana, Mexiko. Ausnahmsweise fahren wir in der beliebten Fahrtrichtung und dadurch auch mit Rückenwind: von Nord nach Süd. Abends übernachten wir oft auf einem der Campingplätze in der Hiker-/Biker-Sektion. Da die Campingplätze oft in etwa 100-Kilometer-Abständen zueinander stehen, werden hier selbst zur Hochsaison Plätze für alle diejenigen frei gehalten, die ohne Motor unterwegs sind. So kommt es, dass wir oft tage- oder wochenlang jeden Abend zwischen bekannten Gesichtern am Lagerfeuer sitzen, auch wenn wir den Tag über oft allein sind. Die 18 Jahre junge Willow aus Kanada ist auf ihrer ersten Solo-Tour. Natalie kommt »von überall« und reist mit improvisierten Fahrradtaschen und einer Ukulele. Steph und Matt radeln in Partner-Radtrikots auf nagelneuen Rädern. Die beiden haben jeden Tag genau durchgeplant und geben gerne viele gut gemeinte Radlertipps.

Mit Jeff und Jesse, zwei Tätowierern aus San Francisco auf der ersten Radtour ihres Lebens, fahren wir die letzte Woche bis San Francisco im Viererteam. Es ergibt sich einfach irgendwie, weil es sowohl menschlich als auch vom Tempo her großartig passt zwischen uns. Jesse ist Anfang fünfzig und ein sehr ruhiger Geselle, der Yoga, Klettern und Surfen liebt und sich nicht so leicht aus dem Gleichgewicht bringen lässt. Er hat sein eigenes Tattoo-Studio und ist der perfekte Ruhepol für Jeff, Ende vierzig, mitten in einem schwierigen Scheidungsprozess, Hundefreund und Kaffeefan. Die beiden haben einen übel sarkastischen Humor und oft, wenn sie vor mir herrollen, höre ich sie kichern und muss einfach mitlachen.

Mit Jin aus Korea sind wir schon in Kanada zusammen geradelt. Für ein paar Tage verstärkt er unser Team, dann biegt er ins Landesinnere

Unterwegs mit Jeff und Jesse gönnen auch wir uns öfter ein Essen auswärts (oben). Doch meistens kochen wir selbst, wie hier in den Redwoods (unten).

CITY

ab. Wir sind ganz gerührt, als er an unserem letzten gemeinsamen Abend mit einer Tüte kalter Biere auftaucht. Ungewohnt selbstüberzeugt ignoriert Jesse daraufhin die Kochanleitung und serviert uns allen die wohl weltschlechteste Tütensuppe. Im Lagerfeuer schmort dabei Jins Fahrradhandschuh, der eigentlich nur trocknen sollte.

Auch Josh aus Australien ist ein regelmäßiger Teilnehmer unserer Lagerfeuerrunde. Tagsüber ist er viel schneller unterwegs als wir, hält dann aber für ausführliche Fotopausen und saust wieder weiter.

Während wir anderen im Schnelldurchlauf irgendein Fertiggericht erhitzen oder unsere Wunderspeise Couscous vorbereiten (zieht wenige Minuten, schmeckt mit allen Resten, mit oder ohne Soße, lässt sich kalt oder warm essen und ist reich an Kohlenhydraten), legt Josh alles für sein allabendliches Kochritual zurecht.

Käsereibe, Sparschäler, Sieb, Schneidebrett, Pfannenwender, Schneebesen, Öl und allerlei Gewürze und Kräuter zaubert er aus seinen Packtaschen. Dann wird eine Zeit gehackt, angeschmort, nachgewürzt und abgeschmeckt, und schlussendlich isst Josh jeden Abend wie ein König. »Dass du dir da so viel Arbeit machst!«, wundere ich mich. »Und dann noch die vielen Extrakilos an Gepäck für die Ausrüstung!«, bemerkt Jeff. Josh zieht die Schultern hoch. »Das Essen motiviert mich. Ich überlege den ganzen Tag, was ich abends kochen könnte. Dann habe ich richtig viel Hunger und verdiene nach einem anstrengenden Tag etwas Besseres als eine Tütensuppe. Dann will ich wirklich gut essen.« Da geht es uns nicht anders als ihm. Auch für uns ist das Abendessen von den ersten Kilometern des Tages an ein Thema, oft sogar hauptsächliches Gesprächsthema des Tages. Was haben wir noch, was muss bald weg, was können wir daraus machen, was brauchen wir noch?

Unsere Kochutensilien beschränken sich auf einen Spiritusbrenner, zwei Töpfe, eine Pfanne/Deckel/Schneidebrett (je nachdem, wofür man es gerade nutzt), einen Becher (zeitweise auch zwei), eine Schale, ein Taschenmesser, zwei Löffel, zwei Gabeln, ein Döschen voll Salz und ein wenig Pfeffer.

Auch wir kommen abends ausgehungert an, aber unsere Schlussfolgerung ist eine andere. Statt in aller Ruhe etwas Köstliches zu zaubern, wollen wir lieber schnell essen, und zwar möglichst viel. Ausgehungert schmeckt ohnehin alles gut. Die Geduld, dann noch so richtig zu kochen, könnten wir nie aufbringen. Dafür bewundere ich Josh. Denn wenn wir anderen unser benutztes und abgewaschenes Geschirr schon wieder einpacken, steigen aus Joshs Kochtopf die betörendsten Düfte.

Panierte Schnitzel

Tag 1711, Kilometer 26456, Baja California, Mexiko

POSITIV Craft-Bier, Meeresfrüchte, Fischtacos, einsame Strände, Sternenhimmel ohne Lichtverschmutzung **NEGATIV** Hitze, Schlangen, einander entgegenkommende Lkws und Skorpione
GELERNT Luxus und Perfektion liegen im Auge des Betrachters

Auf den ersten Blick ist mexikanisches Essen immer gleich, ob Taco, Quesadilla, Flauta, Enchilada oder Burrito: eine (meist mit Fleisch) gefüllte Tortilla mit Soße(n). Die Falttechnik variiert. Doch bei genauerem Hinsehen eröffnet sich einem die unglaubliche Varietät der vielen traditionellen Gerichte mit oft den gleichen Zutaten. Man könnte sich jahrelang durchessen, ohne je ein Gericht zu wiederholen.

Die mexikanische Landschaft und Kultur sind ebenso vielfältig. Auf unserer Reise vom Nordwesten in den Südosten des Landes fahren wir durch eine heiße Wüste, verbringen eine eisige Nacht auf einem 3692 Meter hohen Bergpass, pflücken und essen kiloweise Mangos, trinken Tequila in der Stadt Tequila und hören Mariachi-Musik und Marimba in Guadalajara. Wir radeln vorbei an Avocado- und Kaffeeplantagen, rasen auf der Flucht vor einem Gewitter über Feldwege, baden an einsamen Stränden und tanzen uns durch Cancún.

Unsere erste Anlaufstelle in Mexiko ist Tijuana, eine laute Grenzstadt mit viel Stau, Müll, einem furchtbar schäbigen Image und einem eher zotteligen Antlitz: Robertos Heimat. Statt der üblichen Plaza mit Kirche befinden sich in Tijuanas etwas schrägem Stadtzentrum Stripclubs, Bars und als Zebra verkleidete Esel. Es gibt Orte, die sind erst auf den zweiten Blick liebenswert, behalten dann aber für immer einen Platz im Herzen. Tijuana ist genauso ein Ort. Es ist nämlich auch die Wiege der feinen Baja-Med-Küche und eines der Zentren für Craft-Bier. Hier spielen die Xoloitzcuintles (kurz Xolos, sprich Tscholos) Erstliga-Fußball, es gibt saubere Märkte für Touristen wie Einheimische, ein Museum über die Geschichte der Region und viele Wandgemälde. Der Sandstrand ist besonders bei Surfern beliebt, und wenn zu öffentlichen Müllsammelaktionen aufgerufen wird, wird es dort richtig voll. Die Tijuanensen sind stolz auf ihre Stadt und geben alles, um sie noch schöner, sauberer und sicherer zu machen.

Wir schließen die Räder in einer Ecke aneinander, richten uns bei Robertos Eltern häuslich ein und überwintern. Gutes Timing, so können wir gemeinsam den runden Geburtstag seiner Mutter feiern so-

Blick von den Hügeln Ensenadas hinunter auf den Pazifik (oben).
Sogar unsere Fahrräder haben es auf die Hochzeitstorte geschafft (unten).

wie Weihnachten, Neujahr und auch unsere eigene Hochzeit. Nach über vier Jahren eng an eng unterwegs kann man wohl sagen, dass wir uns unserer Sache sicher sind.

Die Silberringe, die wir in der Türkei gekauft haben, um im Iran als verheiratet durchzugehen, werden unsere echten Hochzeitsringe. Aus dem geplanten schlichten Abendessen zu fünft entwickelt sich schnell eine Party mit 100 Leuten. Als unsere Location zumacht, feiern wir in einer Bar im Stadtzentrum bei Livemusik und Fassbier weiter. Auch einige Freunde von unterwegs kommen und feiern mit uns. Es passt einfach absolut alles. »Ab hier ist alles Flitterwochen«, witzelt Roberto.

Ein paar Wochen später erreichen wir kurz vor Sonnenuntergang das winzige Bahía San Luis Gonzaga. Knapp 80 Kilometer sind wir heute durch die Wüste geradelt, haben am Meer Mittagspause gemacht und sogar ein paar Delfine in den Wellen gesehen. Zurück auf der Straße ging es vorbei an Kakteen aller Art. Während am Vormittag noch die Cardones vorherrschten, Kakteen, die bis zu 20 Meter hoch werden und fleischige, grüne abstehende Arme haben, folgten am Nachmittag die Ocotillo-Kakteen, bis zu sieben Meter hohe Büsche, die zur Trockenzeit aus nichts als dürren Ästen voller Stacheln bestehen. Viele Kakteenarten sind in der »Baja«, wie die niederkalifornische Halbinsel hier kurz genannt wird, endemisch. Zum Beispiel der Chirinola, der aussieht wie große, stachelige Hundehaufen.

Der Großteil der Einwohner tummelt sich an den nördlichen und südlichen Enden der Halbinsel, dazwischen ist nicht viel los. Die Wüste verändert sich ständig, es gibt genug Orte, um unser Wasser aufzufüllen, relativ wenig Verkehr und zwei Meere: Im Westen liegt der Pazifik mit seinen Buckelwalen und Surferwellen und im Osten der Golf von Kalifornien, auch bekannt als »das größte Aquarium der Welt«. Neben Sand, Kakteen und Geiern warten auch urige Dörfer, alte Missionskirchen der Spanier, ein paar palmengesäumte Oasen, uralte Felsmalereien, Walhaie, über 3000 Meter hohe Berge und Sandstrände mit heißen Quellen. Was es dafür allerdings nur selten gibt, ist Handyempfang.

Wir holpern die Waschbrettpiste entlang zum Strand. Es ist bereits dunkel, und wir sind die einzigen Menschen weit und breit. Wir dürfen eine der »Palapas« nutzen. Eine »Palapa« ist im simpelsten Fall ein kleiner Sonnenschirm aus getrockneten Palmblättern mit festem Stamm. Wir finden eine, die sogar über einen Boden und drei Holzwände verfügt. Bingo! Der Mondaufgang ist heute wie gemalt, und wir beschließen, ohne Zelt die Sterne anzugucken und dem Meeres-

Strand El Requesón – solche Milchstraßenblicke gibt es wohl nur in der Wüste.

rauschen zu lauschen, bis wir einschlafen. Klingt romantisch? Dachten wir auch. Bis der Wind sich morgens um eins ganz leicht dreht.

Der Rest der Nacht geht, milde ausgedrückt, eher unruhig zu. Die drei Wände ziehen den Wind förmlich an, feiner Sand bedeckt uns und fliegt direkt von unten in unsere Nasenlöcher. Wir ziehen die Schlafsackinletts über die Köpfe, doch der Sand findet seinen Weg durch jede Ritze. Am nächsten Morgen ist die ganze »Palapa« mit einer Sandschicht überzogen. Und wir sehen aus wie panierte Schnitzel.

Bis hier waren wir auf Asphalt unterwegs, nun geht es auf einer holprigen Piste weiter. Zwischen den Büschen und Elefantenbäumen sehen wir am nächsten Abend endlich unseren ersten Kojoten. Tags darauf kreuzt ein Roadrunner unseren Weg.

Wir sind überrascht, wie enorm sich die Landschaft doch Tag für Tag ändert, obwohl wir uns die ganze Zeit in der gleichen Wüste befinden. Der Boden wechselt von sandig zu felsig, von lehmig zu steinig und schwankt im Farbspektrum zwischen Gelb, Ockerfarben, Braun, Orange, Rot, Kastanienfarben und Grau. Mal ist es hügelig, mal flach, mal kahl, dann wieder grün vor lauter Kakteen, dass man glaubt, man stünde im Wald. Im Zentrum der »Baja« gedeihen auch die endemischen Cirio-Bäume, die alle 27 Jahre einen Meter wachsen und mit ihrem langen Stamm und den vielen winzigen Ästchen aussehen wie 20 Meter hohe (und über 500 Jahre alte) haarige Rattenschwänze. Wir haben besonders viel Glück und dürfen in der Aufzuchtstation sogar die bedrohten Berrendos Peninsulares besuchen. Das ist eine endemische Antilopenart, die so alt ist wie die Dinosaurier. Sie sind außerdem das einzige Säugetier, das seinen Ursprung in Amerika hatte. Quasi die Pandas von Mexiko!

Wir verbringen noch einige weitere Nächte in der Baja unter freiem Himmel. Es ist perfekt. »Ab hier ist alles Flitterwochen«, klingt mir immer wieder in den Ohren. Roberto hatte Recht, und das ganz ohne feine Restaurants und edle Hotels. Wenn wir uns nach einem anstrengenden Tag aneinanderkuscheln, unsere staubigen Hände halten, wir den kühleren Wind genießen, den Kojoten lauschen und die Milchstraße anstarren, dann kann ich mir nichts Perfekteres vorstellen.

In der Baja ist es auch nach Sonnenuntergang oft noch heiß. Hier bei El Chinero hängen wir noch lang draußen herum, bevor wir ins Zelt kriechen.

Hier gibt es Becken mit heißen Quellen, die mit dem Tidenhub ihre Temperatur verändern (oben). Wir schleichen durch die Maya-Ruinen von Balamkú (unten).

Maya-Ruinen und Karibikstrände

Tag 1844, Kilometer 30153, Campeche und Quintana Roo, Yucatán-Halbinsel, Mexiko

POSITIV Dass es noch echten Urwald gibt **NEGATIV** Babyskorpione und schwüle Hitze **GELERNT** Auf Maya »gut« zu sagen: »Ma'alob«

Wir radeln quer über die Yucatán-Halbinsel in Richtung Karibik. Es ist heiß, und die Luft steht.

Das kühle Hochland liegt hinter uns. Vor einem Monat waren wir noch auf 3692 Metern unterwegs. Nun geht es auf Meereshöhe durch Veracruz, Tabasco und Campeche, mal am Golf von Mexiko entlang, dann wieder durchs Landesinnere.

Während der nächsten zwei Tage besuchen wir drei Maya-Ruinen. In Balamkú sind wir die einzigen Besucher. Sein Name ist Maya und bedeutet Jaguartempel. Wir schlendern durch die etwa 1500 Jahre alten beeindruckenden Ruinen, fühlen uns klein und unbedeutend und fangen unbewusst an zu flüstern. Hier haben Menschen gelebt, gelacht, sich verliebt, gestritten, Kinder aufgezogen, gespielt und geweint. Im Wesentlichen genau wie heute.

Fünf Radeltage lang geht es durch Dschungel, der auf manchen Abschnitten so dicht ist wie zwei grüne Wände. Ich schaue immer wieder nach links und rechts ins Dickicht, hoffe einen Jaguar zu entdecken oder einen Affen, doch es will sich keiner blicken lassen. Dafür lasse ich mir von einem angeblich gezähmten Haus-Wildschwein unfreiwillig die Hand anknabbern. Überhaupt erleben wir viel, SUPen in der siebenfarbigen Lagune von Bacalar, schwimmen in einem »Cenote« – einer mit Süßwasser gefüllten Doline – und versuchen, eine Nacht in einer Hängematte zu verbringen – ohne Erfolg.

Endlich erreichen wir Tulum und damit auch das Meer! Wir stecken notdürftig unsere Zeltheringe in den feinen, weißen Sand und stürzen uns ins glasklare Wasser mit Badewannentemperatur. Es ist ein Traum. Tulum ist bekannt wegen seiner alten Maya-Fundstätte, die nicht mitten im Urwald versteckt liegt, sondern untypischerweise direkt am Meer. Das Gelände ist riesig und der geheimnisvolle Zauber, den wir in den kleineren und weniger bekannten Ruinen von Balamkú, Chicaná und Xpujil (sprich Schpuchil) spürten, will sich zwischen den Besuchermassen nicht einstellen. Dennoch ist die Ruinenstätte beeindruckend und der Blick über die Ruinen aufs Meer einzigartig.

Glasklares Wasser und Maya-Ruinen direkt daneben – ein Traum.
Tulum ist zu Recht bei Touristen beliebt.

Die Räder kuscheln sich aneinander, während wir an jedem zweiten Strand eine Badepause einlegen (oben). Superfrische Fruchtsäfte und Kokosmilch (unten).

Westeuropa

Sonnenuntergang
vorm Kölner Dom.

Ein voller Magen und ein bisschen Gesellschaft

Tag 1889, Kilometer 30 509, Castilla-La Mancha und Aragón, Spanien

POSITIV Schinken, Churros, Mühlen und Burgen
NEGATIV Durchweichte Schuhe **GELERNT** Wenn das Schild grün oder blau ist, steht das A in der Straßenbezeichnung für Autovía (wo das Radeln verboten ist); wenn es orange ist und eine drei- bis vierstellige Zahl folgt, steht das A für die Autonome Gemeinschaft Aragón

Wir sind zurück in Europa. So vieles ist anders hier. Die Spanier sind auf den ersten Blick laut, direkt, manchmal etwas harsch, aber sehr herzlich. Und sie sprechen fürchterlich schnell. Auch wenn Mexiko und Spanien einander kulturell sehr ähneln, ist der Sprung von der mexikanischen Karibik nach Madrid enorm. Doch wohl fühlen wir uns allemal.

Schon nach wenigen Tagen in den Sätteln ändert sich das. Seit dem ersten Abend unterwegs regnet es, und wir frieren. Der viele Regen hat den Wanderweg aufgeweicht, auf dem wir versehentlich gelandet sind, und wir schieben stundenlang durch Matsch. Es ist ein bisschen wie Sumatra, nur ohne Mücken. Der Versuch, nach Google Maps zu fahren, ist gescheitert, doch wir waren uns unserer Sache zu sicher und haben uns nicht um eine ordentliche Papierlandkarte bemüht.

Abends stellen wir das Zelt im strömenden Regen auf einem unebenen Feld auf. Keine 100 Meter weiter verläuft die Autovía. Am Abend schaufeln wir frustriert Müsli in uns hinein. Wir sind erst satt, als nichts mehr übrig ist. Ein Paket Müsli und einen ganzen Liter Milch haben wir verdrückt. Auf der Müslipackung stand: elf Portionen. Der viele Zucker hebt immerhin die Stimmung – bis uns am nächsten Morgen klar wird, dass das Frühstück heute wohl ausfallen muss.

Miesepeterisch und matschverschmiert geht es mit leeren Mägen weiter. Unsere Schuhe wiegen das Doppelte, und die Zehen werden nach wenigen Stunden ganz schrumpelig. Die Nasen laufen ununterbrochen. Wir haben im wahrsten Sinn des Wortes die Schnauze voll. Frustriert lassen wir die Matschepampe-Trampelpfade hinter uns und folgen einfach der nächstbesten geteerten Straße ins nächste Dorf: Aldeanueva de Guadalajara. Einen Laden suchen wir vergeblich. 84 Menschen leben in der Gemeinde. Da können wir von Glück

Die Strecke durch Aragón ist nie langweilig (oben). Urig-schöne Dörfer wie Villaverde del Ducado gibt es in der Provinz Guadalajara viele (unten).

sprechen, dass es eine Cervecería gibt, die sogar geöffnet hat. Sie heißt Bar El Horno (»Der Ofen«), und obwohl ich den Ofen nirgends finden kann, ist es hier doch wärmer als draußen. Meine Schuhe sind voller klebrigem Schlamm, also gehe ich nur in meinen nassen Socken hinein. Wir trinken ein Bier und essen je ein Bocadillo mit Chorizo, das ist ein riesiges trockenes Baguette mit nichts außer Wurst drin. Fad, aber sättigend.

Der Barmann und seine beiden anderen Kunden erklären uns mehrfach eine Strecke ganz ohne Matsch, und schon sind wir wieder guter Dinge. Was eine trockene Oase, ein voller Magen und ein bisschen menschlicher Kontakt doch alles ausmachen. Zufrieden pfeifend fahren wir weiter durch den Regen, lassen eine Burg aus dem 12. Jahrhundert links liegen und schaufeln stattdessen weiter Kilometer.

Am nächsten Tag ist und bleibt es trocken, und die Landschaft wird hügeliger. Zunächst geht die Strecke durch Felder und Dörfer. Wir passieren Windmühlen, alte Kirchen und kleine teils verfallene Burgen, hinter jeder Kurve gibt es etwas Neues zu sehen. Ganz in der Nähe verläuft die Don-Quixote-Route, die wir ein paarmal kreuzen. Es gibt kaum Verkehr, und wir sind umgeben von Dörfchen mit beigen Steinhäusern und Bauernhöfen. Nachmittags geht es hinauf ins Hochland der Serranía Celtibérica, ein fast menschenleeres und regenarmes Berggebiet, das trostlos und romantisch zugleich wirkt.

Ein eisiger Wind pfeift durch die karge Landschaft. Als ich mich zu Roberto umdrehe, gucken nur noch seine Augen zwischen Kapuze und Fleecetuch hervor. Wir machen nur kurze Pausen, wenn gerade einmal die Sonne rauskommt und hangeln uns von einem scheinbar ausgestorbenen Dorf zum nächsten. Trotz der Kälte genießen wir die spärlich-schöne Region. Kurz vor Sonnenuntergang erreichen wir das Ortsschild von Molina de Aragón. Das Städtchen zählt zu den kältesten im ganzen Land. Bei der Berufsfeuerwehr machen wir Halt. Feuerwehrleute kennen sich in ihrer Gegend aus wie kein anderer und sind stets unsere ersten Informanten zum Thema wilde Zeltplätze in der Nähe. Heute bekommen wir doch glatt ihren Fitnessraum angeboten und dürfen sogar duschen.

Den Abend verbringen wir mit dem Nachtteam um Iñaki und Alejandro, zwei leidenschaftlichen Feuerwehrmännern. Es ist Nebensaison und die beiden genießen die Arbeit, die heute zum Glück nur aus Kochen, Essen, Quatschen und Schlafen besteht. Wie schon im El Horno, verfliegt auch hier in so guter Gesellschaft und mit vollen Mägen jeglicher Ärger. Wir tanken auf, sind wieder voller Energie und Motivation und freuen uns auf die nächsten Radeltage.

Triefende Abenteuer-Häuptlinge

Tag 1910, Kilometer 31 296, Ardèche, Auvergne-Rhône-Alpes, Frankreich

POSITIV Gebäck und Kaffee am Ufer der Rhône zum Frühstück **NEGATIV** Der Verkehr ist wild wie seit Indonesien nicht mehr **GELERNT** Mit einem gelernten Sommelier macht Frankreich gleich doppelt so viel Spaß

Es ist Ende November, und wir befinden uns im Endspurt, im vorletzten Land der Reise. Mit von der Partie ist seit Barcelona Robertos Freund Diego. Vor ein paar Tagen haben wir den Via-Rhôna-Radweg erreicht, dem wir nun bis Lyon folgen.

Auf den letzten Metern vor dem Zeltplatz streiten Roberto und ich über irgendeine Lappalie. Worüber, daran erinnern wir uns beide am nächsten Morgen schon nicht mehr. Diego lässt sich unauffällig etwas zurückfallen. Er ist peinlich berührt, aber das interessiert uns gerade nicht, wir keifen so lange weiter, bis wir eingeschnappt schweigen. Fürs Aufbauen des Nachtlagers in Teamwork braucht es keine kommunikative Absprache, das geht auch schmollend in Windeseile. Ich bin so beleidigt, dass ich die Schlafsäcke entkopple, die normalerweise einen großen Sack ergeben. Das bereue ich schnell, schließlich muss ich jetzt meine Eisfüße selbst auftauen und liege lange frierend wach. Doch der Stolz weicht erst in den frühen Morgenstunden.

Bei den eisigen Temperaturen ist es kaum vorstellbar, dass ich heute noch in einem Nebenfluss der Rhône baden würde! Dort ist nämlich wegen des ganzen Regens der letzten Tage das Wasser über die Ufer gelaufen. Ein paar uns entgegenkommende Radler und Wanderer warnen uns vor einer überschwemmten Stelle im Radweg, aber wir wollen es dennoch versuchen.

Die Furt ist auch gar nicht tief, und Diego kommt mit nur einem nassen Fuß am anderen Ende an. Roberto und ich radeln langsam im niedrigen Gang hinterher. Die Schuhe haben wir uns vorsorglich ausgezogen.

Gut, dass wir nicht auf die anderen Radler gehört haben, das war ja wirklich ein Kinderspiel. Es dauert keine zwei Kilometer, da stehen wir vor einer weiteren Furt. Diese sieht aber viel tiefer aus. Mit dem Rad traut sich keiner hinein. Ich ziehe die Schuhe aus und kremple die Hosen hoch und fange an hineinzuwaten, bis mir das kalte Wasser an die Oberschenkel reicht. So wird das nichts. Mit Badeanzug versuche ich es erneut. Gut, dass zumindest die Sonne scheint. Bis kurz unter die Schultern reicht mir das Wasser am tiefsten Punkt. Die Strömung ist nicht ohne. Keine Chance, hier können wir nie im Leben all unser Hab und Gut übers Wasser tragen.

Mit geknicktem Ego, triefenden Socken und nicht mehr ganz so großer Klappe drehen wir drei Abenteuer-Häuptlinge schließlich um. Das haben wir nun von unserer Überheblichkeit. Mittlerweile sind wir über fünf Jahre unterwegs – und haben dabei noch kein bisschen dazugelernt.

Die Hängebrücke ist ein Teil des Via-Rhôna-Radwegs.
Nur schieben sollten Diego und ich eigentlich …

Feierabend

Tag 1934, Kilometer 32420, Baden-Württemberg, Rheinland-Pfalz, Hessen, Nordrhein-Westfalen, Niedersachsen und Bremen

POSITIV Maultaschensuppe, der mittelalterliche Weihnachtsmarkt in Bingen am Rhein und die wunderbaren Menschen, die uns ihre Türen und Herzen öffnen **NEGATIV** Kopfsteinpflaster und Straßenbahnschienen **GELERNT** Nicht jede Tour bedarf größerer Planung

Wir ernähren uns von Kaffee, Glühwein und allem, was die unzähligen Weihnachtsmärkte und Bäckereien an warmen Köstlichkeiten hergeben. Auf freiem Feld pausieren wir kaum noch. Da würden wir ja sofort festfrieren. Und überhaupt müssen wir sparsam mit unseren Pausen umgehen. Im Dezember ist das Tageslicht unsere größte Beschränkung.

Viele Radler sind nicht unterwegs, ganz im Gegensatz zum September vor fünf Jahren. Nur sonntags sind die Feldwege und Trampelpfade voller spazierender Familien, die sich nach der Kirche oder Kaffee und Kuchen die Beine vertreten. Überhaupt, Kaffee, Kuchen und »das gute Geschirr« ... an ein Land mit einem Altersdurchschnitt von 44 Jahren muss ich mich erst wieder gewöhnen. In Mexiko lag der Durchschnitt unter 30. Überhaupt ist mir zunächst vieles fremd, was eigentlich zu meiner eigenen Kultur gehört. Sogar Vollkornbrot richtet in meiner Verdauung etwas Verwirrung an. Dafür habe ich nun eine völlig neue Perspektive auf mein Land und meine Kultur. Auf die neugierigen und hilfsbereiten Menschen, die sich aber nicht so recht trauen zu fragen, in welcher Sprache wir da sprechen, weil man uns nicht vor den Kopf stoßen will.

Ich brauche eine Weile, bis ich mich an einige zuvor so vertraute Eigenarten gewöhne. Nur an Lakritz und Knoblauch-Brotchips gewöhne ich mich sofort.

Für die späte Jahreszeit haben wir Glück mit dem Wetter. Auch wenn die Nadel oft unter den Gefrierpunkt sinkt, schneit es nur einen Tag lang. Zudem verbringen wir die meisten Nächte in den Häusern anderer Radler, die wir über das Gastgebernetzwerk Warmshowers kennengelernt haben. Unsere Route führt uns durch wunderschöne Gegenden und Städte, von denen ich nicht glauben kann, dass ich sie erst jetzt kennenlerne. Von der Landesgrenze hinter Straßburg bis nach Düsseldorf folgen wir dem romantischen Rhein, dann geht es auf direktem Weg durch Gewerbegebiete und die Industriekultur des Ruhrgebiets, dann vorbei an Feldern und Weiden weiter nach Nordnordost. Die Nachmittage versüßen wir uns mit einer Weihnachtsplaylist, die wir laut mitsingen. Uns kennt ja keiner. Bald erreichen wir die Gegend der Reetdachhäuser, dann höre ich das erste »Moin«. Jetzt ist es wirklich nicht mehr weit. Die letzte Nacht verbringen wir in Diepholz, bei Frank und Ania. Die junge Familie ist zwar mitten in den letzten Weihnachtsvorbereitungen, will aber gerade jetzt lieber ihren Mitmenschen die Türen öffnen als schließen. Ein neuer Beitrag für unsere Sammlung von Bräuchen und Ansichten, die wir übernehmen wollen.

Der letzte Tag bricht an. Es ist trocken und sogar etwas sonnig. Wir radeln durch Stuhr, dann an der Ochtum entlang und schlussendlich stehen wir vor dem Bremer Ortsschild. Zum Abknutschen ist mir das Schild doch etwas zu schmuddelig. Stattdessen küsse ich Roberto. Wir folgen also den Fahrradschildern weiter in Richtung Stadtzentrum. Gab es in Bremen schon immer so viele Fahrradwegweiser?, frage ich mich. Es geht um den Flughafen herum, einmal durch die Neustadt, in Richtung Weser. »Hier sind wir auf dem Hinweg abgebogen, hier waren wir schon!«, freue ich mich und deute auf den Weserradweg-Wegweiser. Damit haben wir die Runde vollgemacht. Es ist offiziell. Jetzt sind wir wirklich einmal um die Welt geradelt. Und das unfallfrei, abgesehen von Robertos kurzem Kontakt mit dem Gebüsch in Kirgisistan und mit einem Kaktus in Nordmexiko. Noch weiß ich nicht, dass ich mich heute Nacht auf dem Weg zur Kneipe gleich zweimal zwischen glatten Straßenbahnschienen und Kopfsteinpflaster langlegen würde. Aber das zählt ja ohnehin nicht mehr. Die Welt ist umrundet, und ab hier ist jeder Kilometer ein Bonus.

Die Ampel ist grün, also halten wir uns nicht lange auf, überqueren die Weserbrücke, und schon stehen wir am Marktplatz. Er ist rappelvoll, denn es ist fast Weihnachten. Wir quetschen uns zu den Stadtmusikanten durch, parken die Räder und umarmen uns ganz lange. Geschafft! Wir fühlen uns wie am ersten Tag der Reise: ziemlich aufgedreht, ein bisschen verloren und sowohl stolz als auch unsicher. Wir sind fertig, grinsen ununterbrochen und wissen nicht so recht, was jetzt tun.

Nach über fünf Jahren haben wir es geschafft. Wir sind angekommen. Das Abenteuer liegt hinter uns. Noch wissen wir nicht, dass das kleine Abenteuer Weltumrundung erst das Aufwärmtraining für das große Abenteuer Familiengründung war, aber das ist ein ganz anderes Kapitel. Wir machen fürs Erste Feierabend.

Vor über fünf Jahren sind wir hier einfach vorbeigerauscht. Heute nehmen wir uns viel Zeit für Fotos mit unseren guten alten Stadtmusikanten.

Impressum

Die Autoren
Annika Wachter und Roberto Gallegos Ricci lernten sich in Mexiko kennen und lieben. Während Annika für ein Auslandssemester in Mexiko war, gründete Roberto nach seinem BWL- und Marketing-Studium dort ein Designstudio. Das Radeln war schon immer die Leidenschaft der beiden, doch die Weltreise war der erste Versuch einer mehrtägigen Tour. Diese sollte sie fünf Jahre lang durch viele verschiedene Länder dieser Erde führen. Auf ihrem Blog *tastingtravels.com* teilen die beiden die Erlebnisse der Radreise. Heute lebt das Paar mit Sohn in München.

Verantwortlich: Sarah Schindler, Johannes Abdullahi
Lektorat: Rosemarie Elsner
Korrektorat: Anke Höhne
Layout: Elke Mader
Umschlaggestaltung und Illustrationen: Eva Finkbeiner
Repro: LUDWIG:media
Kartografie: Gunnar Musan
Herstellung: Anna Katavic
Printed in Slovenia by Florjancic

★★★★★

Sind Sie mit diesem Titel zufrieden? Dann würden wir uns über Ihre Weiterempfehlung freuen. Erzählen Sie es im Freundeskreis, berichten Sie Ihrem Buchhändler oder bewerten Sie bei Onlinekauf. Und wenn Sie Kritik, Korrekturen oder Aktualisierungen haben, freuen wir uns über Ihre Nachricht an Bruckmann Verlag, Postfach 40 02 09, D-80702 München oder per E-Mail an lektorat@verlagshaus.de.

Unser komplettes Programm finden Sie unter www.bruckmann.de

In diesem Buch wird aus Gründen der besseren Lesbarkeit das generische Maskulinum verwendet. Weibliche und anderweitige Geschlechteridentitäten werden dabei ausdrücklich mitgemeint, soweit es für die Aussage erforderlich ist.

Bildnachweis
Alle Fotos im Innenteil und auf dem Umschlag stammen von den Autoren, außer S. 5: Luzia Pesch; 9: Patrik Kantereit; 30 o.: Emir Taylar; 160/161, 163 o.: Luzia Pesch; 172 u. Francisco J. Fimbres

Infanteriestraße 11a
80797 München

ISBN 978-3-7343-1346-2

Die Radtour, die zur